主编 马思宇
副主编 李瑞

跨文化互动：

留学生视角下的中国与世界

SinolinguA
华语教学出版社

First Edition 2023

ISBN 978-7-5138-2384-5

Published by Sinolingua Co., Ltd
24 Baiwanzhuang Street, Beijing 100037, China
Tel: (86)10-68320585, 68997826
Fax: (86)10-68997826, 68326333
http://www.sinolingua.com.cn
E-mail: hyjx@sinolingua.com.cn
Facebook: www.facebook.com/sinolingua
Printed by Beijing Hucais Culture Communication Co., Ltd

Printed in the People's Republic of China

前　言

作为新中国首批具有留学生培养资格的23所高校之一，首都师范大学从1965年起开始招收留学生，至今已经培养了来自140个国家的数万名留学生。国际文化学院是首都师范大学留学生中文教育的主阵地，多年来贯彻“润心育人”的培养理念，服务于首都的中文教育、汉语教师培养培训事业，教学质量日益提升。

多年下来，国际文化学院这个国际大家庭一级又一级的外国留学生积累了一大批优秀的毕业论文。编选并出版这些论文是集中展现国际文化学院中文教育成就的方式之一。

本着“优中选优”的原则，我们从2018年—2021年的优秀论文中精选了十篇，按照主题分别编入“社会文化篇”“商业研究篇”和“语言与语言学习篇”。从国籍上看，这些论文的作者涵盖了韩国、意大利等六个国家。从学术研究的角度看，这些由汉语第二语言学习者完成的论文只能算是“初窥门径”，尚显稚嫩。但正如本书题目所言，其更大的价值在于它为我们打开了一扇窗，提供了一个跨文化的视角，让我们可以了解多元文化背景下留学生眼中的中国与世界。

语言和文化有着密切的关系。文化是语言的底座，语言则是理解文化的钥匙。美国人类学家萨丕尔指出：“语言的主旨就是在某一特定时间内，充当指称某个人类群体文化背景的符号。”（《语言与环境》）从这个意义上说，外国人学习汉语就是了解我们这个群体的文化背景。而他们用汉语撰写的研究中国或其母国的社会、商业和汉语的论文则更直接地体现了“彼文化”与“此文化”的交流与碰撞。

希望本书能够在中国和世界之间再开一扇小窗，让中外读者可以看到异域文化视野下中国的面貌——这个面貌跟中国人的自我认知有所不同，也可以了解外国人怎么看外国文化——他们的视角跟你也有所不同。

编者

目　录

社会文化篇

关于中意青年群体婚恋观念的调查研究

孔秋雨

（首都师范大学国际文化学院2020届本科生　意大利）

一　引言

1.1　选题缘由

无论对于什么地方的人来说，婚恋都是个不可避免的重要话题。婚姻历史悠久，没有确切的历史文献可以确认婚姻的起源到底能追溯到哪个时代，最早的信息似乎是从《汉谟拉比法典》来的。随着历史的变迁、社会的进步、经济不断的发展，婚恋观念也随之不断地演进。此外，由于历史、传统文化、宗教等方面的不同，世界各国在婚恋观念上存在着许多差异。

现代年轻人的婚恋观念吸引着全球的注意力。该课题不仅可从统计学和经济学角度分析，也可以通过书籍、文章、电影等文化角度进行分析。据意大利国家统计研究所与中国国家统计局和民政部所发布的统计数据显示，两个国家近年来有一种很有意思的相近趋势：与往年相比，目前平均初婚年龄逐渐偏大。这意味着年轻人结婚越来越晚，而且结婚率呈明显的下降趋势。

中国和意大利共同的趋势是如何产生的？两国是否存在共同的原因？该趋向的根源与现代世界经济的飞速发展、生活水平的提高有着密不可分的关系。但除了这个原因一定还有其他动因。此外，该趋势会产生怎样的影响？是负面影响还是正面影响？这一系列问题都有待进一步的研究。

本研究对当代中意青年婚恋观念进行研究：通过问卷调查结果分析当代中意青年婚恋观念的异同；对中意婚恋趋势的差异和相似性的原因进行初步分析；探讨两国当代婚恋状况对未来的正面和负面影响。

1.2　研究方法

本次调研主要通过问卷调查法在“问卷星”平台发布问卷，面向中国与意大利青年展开，进行了以35岁以下（含35岁）人群为主的抽样调查。调查时间是

2020 年 4 月 3 日至 2020 年 4 月 5 日，最终获得 200 份有效问卷。其中，中国人 98 人，占总人数的 49%；意大利人 102 人，占总人数的 51%。

从性别上看，男性 60 人，女性 140 人。其中，中国男性 23 人，意大利男性 37 人；中国女性 75 人，意大利女性 65 人。男女比例不平衡，女性多，结论可能受到影响。

从年龄上看，18 ～ 25 岁的青年占 59.5%，26 ～ 30 岁的青年占 31%，31 ～ 35 岁的青年占 8%，18 岁以下（含 18 岁）的青年占 1.5%。90.5% 均是 30 岁以下的青年，结论可能受到影响。

从受教育程度来看，大专以上（含大学）学历的青年占 56%，博士研究生及以上学历的占 23.5%，高中（含中专）学历的占 20.5%。

从婚恋状态来看，91% 的青年未婚，9% 的青年已婚。其中，中国人已婚 16 人，占已婚青年的 88.9%；意大利人已婚仅 2 人，占已婚青年的 11.1%。

二　当代中意青年婚恋观念的异同分析

当代中意青年婚恋观念的差异与相似性纷繁复杂，最主要的异同可以分为四类：婚恋年龄的异同、婚恋形式的异同、婚恋意义的异同和婚恋关系稳定性观念的异同。

2.1　婚恋年龄的异同

根据中国众多的调查数据，近年来平均初婚年龄在大城市青年群体中具有继续走高的趋势，目前已接近或超过了 30 岁。例如，2018 年，南京平均初婚年龄男性为 30.3 岁，女性为 30.4 岁；上海平均初婚年龄男性为 30.1 岁，女性为 28.1 岁；武汉平均初婚年龄男性为 29 岁，女性为 27 岁。

意大利国家统计研究所的数据表示，迟婚的趋势在意大利和在中国一样，越来越显著。2018 年，意大利男性的平均初婚年龄达 33.7 岁，女性的平均初婚年龄达 31.5 岁。

调查结果显示，在 200 名被调查者中，仅 18 人已婚，占总人数的 9%。其中，意大利人只有两位，他们的平均初婚年龄为 29 岁。另外 16 位已婚青年均是中国人，他们的平均初婚年龄为 25.9 岁。其余 182 名被调查者中，58.8% 想结婚，其他青年不想结婚或还没决定。不想结婚的意大利人为 11 人，几乎是中国人的两倍。尚未决定结婚的青年中，意大利人占半数以上。总的来说，与意大利青年相比，愿意结婚的中国青年多得多，并且他们的平均初婚年龄要比意大利青年低。

被调查者对理想结婚年龄有不同看法。中国人认为理想的结婚年龄平均为 28.8 岁，男性为 28.6 岁，女性为 28.9 岁，而且不少中国青年觉得没有固定的结婚年龄。意大利人则认为理想的结婚年龄平均为 29.7 岁，男性为 31 岁，女性为 29 岁。在意大利被调查者中，有 10 人认为没有固定的结婚年龄，2 人认为结婚年龄与男女双方的经济情况有一定关系。

总之，迟婚的趋势在这两个国家确实越来越明显，尤其是在意大利。我们会在第三章中具体地解释出现这种现象的主要动因。

2.2 婚恋形式的异同

在当今这个张扬个性的时代，婚恋形式也多种多样。除了我们都很熟悉的那些婚恋形式（传统婚姻、同居以及不婚）以外，还有许多其他婚恋形式，并且有不同的划分理念，AA 制婚姻、裸婚以理财观念为主旨；同性婚、开放式婚姻与性生活有关系；毕婚、闪婚的结婚时间具有特殊性。

目前青年讨论最多的婚恋形式是：试婚、丁克和闪婚。试婚是指双方结婚之前尝试共同生活，以便检验婚姻关系的可能性；丁克是指不想生孩子的夫妻；闪婚是指情侣在较短的时间内相识并结婚。

关于中意青年认同的婚恋形式，我们的调查结果如下：

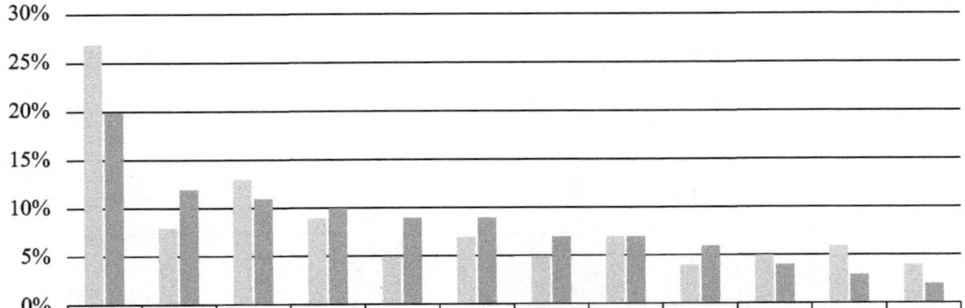

	传统的婚姻	同性婚	试婚	丁克	只同居	AA制婚姻	裸婚	不婚	毕婚	周末婚	开放式婚姻	闪婚
中国人	27%	8%	13%	9%	5%	7%	5%	7%	4%	5%	6%	4%
意大利人	20%	12%	11%	10%	9%	9%	7%	7%	6%	4%	3%	2%

图 1　中意青年认同的婚恋形式

由图 1 可以看出，受访的中意青年在婚恋形式方面看法大致相同。他们都更加认同传统的婚姻、试婚和丁克家庭，而不认同闪婚。从调查数据可以看出，中意青年婚恋观念有如下三个共同点：第一，现代中意青年均不容易接受新式婚姻，而更加喜欢传统的婚恋形式；第二，他们中有很大一部分人想建立无子女家庭；第三，他们之所以不认同闪婚，是因为他们觉得结婚是特别重要的选择，而非冲动性的选择。

中意两国青年在婚恋形式上不同的方面主要有：第一，与中国青年相比，意大利人更加认同同性婚，这可能是因为中国青年的思想较传统；第二，有 9% 的意大利青年认同只同居不结婚的形式，中国年轻人则只有 5%。

意大利人更加容易接受只同居而不结婚的婚恋形式，这意味着认为结婚不是人生必经阶段的意大利青年比中国青年多一些。需要注意的是，更多的中国青年认同试婚。试婚和同居非常类似，两者的差别是，一般说来，试婚的人结婚之前均选择同居的方式以检验感情的真实度，但并不是所有选择同居的人未来都有结婚的打算。

2.3 婚恋意义的异同

随着历史的变迁、社会的进步、经济的不断发展，婚姻的意义也在不断地变化。中意青年中，有人觉得婚恋意义是男女双方互相扶持，有人认为是追求稳定的生活，还有人则认为是让爱情一直持续下去。总之，婚恋的意义多种多样。

关于中意青年对婚恋目的的看法，我们的调查结果如下：

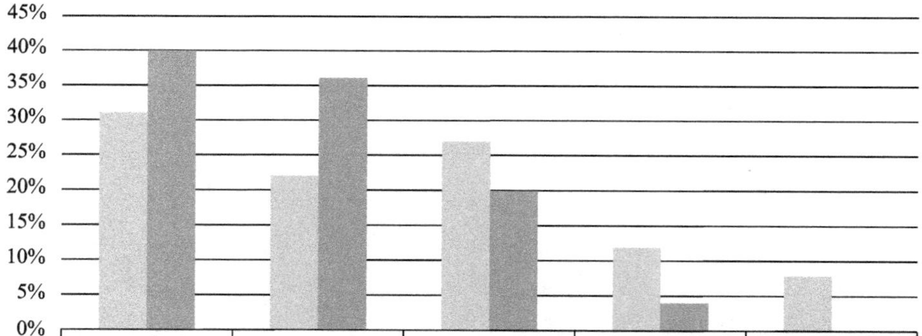

	互相扶持	让爱情一直持续下去	稳定生活	生儿育女	不想让父母担心
中国人	31%	22%	27%	12%	8%
意大利人	40%	36%	20%	4%	0%

图 2　中意青年对婚恋目的的看法

由图 2 可以看出，受访的中意青年在婚恋目的方面既有共同点，也有区别。相同的方面是，中意青年中有许多人认为婚姻的目的是互相扶持，这个选择分别占 31% 和 40%，在两个国家青年的婚恋目的选择中都排在首位。

中意两国青年在婚恋目的上不同的方面是：第一，觉得婚姻是让爱情一直持续下去的意大利青年比中国人多一些，这可能是因为意大利青年的思想较浪漫，不像中国青年那么理智；第二，被调查者中有些中国青年觉得婚姻的目的是生儿育女以及不让父母担心，而只有很少的意大利青年认为婚姻的目的是生儿育女，没有意大利年轻人选择婚姻是为了不想让父母担心，选择这两项的意大利青年加在一起也只有 4%。

中意传统婚姻以生育为主，现代婚姻依然担负着生育的责任，尤其是在中国。可是随着生活水平的提高、妇女地位的提升、同性婚姻与丁克家庭的出现，婚姻的主要目的已不是生育子女，而是互相扶持。调查结果验证了该趋势的真实性：虽然想生儿育女的青年过半，不过值得注意的是，还没考虑好要不要孩子的青年很多，占总人数的 20%，不想生儿育女的中意青年接近 20%，也即每五个青年中就有一个不想生孩子。这意味着现代青年已不认为生儿育女是人生的必经阶段。

婚姻观的不同导致中意青年在择偶标准上也存在着明显的区别。除了伴侣的个人特点以外，中国青年还以经济条件、家庭背景、学历水平和父母意见作为择偶标准；而意大利青年的择偶标准不包括这些，主要看重伴侣的性格与价值观念。我们会在第三章中具体地解释产生这种区别的主要文化动因。

2.4 婚恋关系稳定性观念的异同

意大利国家统计研究所与中国国家统计局和民政部所发布的统计数据显示，中意两国婚恋的不稳定性均有所增加，离婚率大幅上升。在导致离婚率上升的原因中，排在前三位的因素是冲动婚姻的增加、思想观念的变化以及生活节奏的加快。这三种因素均使维持婚恋稳定性的难度提高很多。

两国被调查者均同意婚恋关系的稳定性非常重要，但他们对决定婚恋稳定性的因素有不同的看法。两国青年中，有人觉得决定婚恋稳定性的主要因素是情侣之间的相处，有人认为是经济情况，还有人则认为是孩子。

关于中意青年对婚恋稳定性因素的看法，我们的调查结果如下：

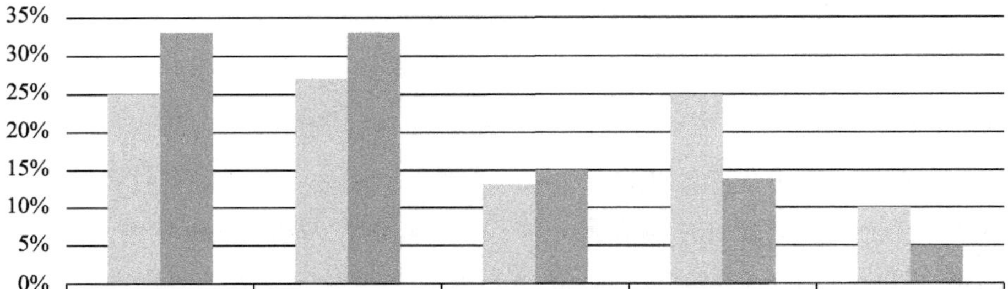

	沟通问题	信任感	家务分配	经济情况	生儿育女
中国人	25%	27%	13%	25%	10%
意大利人	33%	33%	15%	14%	5%

图 3　中意青年对婚恋稳定性因素的看法

由图 3 可以看出，受访的中意青年在婚恋稳定性方面既有共同点，也有区别。相同的方面是，中意青年都以沟通和增强信任感为主，由此可知现代年轻人均认为不良的沟通、信任感和责任感的缺乏是导致婚姻关系破裂的主要因素。此外，两国青年中有少数人觉得生儿育女决定男女双边关系的稳定性，该数据可以再一次确认生育子女并不是现代婚姻的必经阶段，尤其是在意大利。

差异在于，占总人数 25% 的中国青年更加重视男女双方的经济情况，而意大利青年只占到 14%。换言之，中国青年认为婚恋关系稳定性与金钱有着密不可分的关系，大部分意大利青年则只考虑情侣之间的相处。

三　当代中意青年婚恋观念差别与相似性的原因

当代中意青年婚恋观念的差异与相似性纷繁复杂。导致这一现象的原因可以分为两类：文化的和经济社会的。基本上，传统文化的不同使当代中意青年婚恋观念有一些差异，而受现代经济社会发展的影响，中意青年的婚恋观念又有一些相似之处。

3.1　文化的影响

由于历史、传统文化、宗教等方面的不同，世界各国在婚恋观念上存在着许多区别。中国与意大利地理上相距遥远，历史完全不同，传统宗教也没有任何关系，所以在文化上有很大差别。历史上，这些文化的不同也对婚恋观念产生很大影响。不过，需要注意的是，随着历史、宗教、经济、社会的发展，全球的文化都一直处在变化之中。当前是全球经济一体化的时代，日益密切的文化交流使大量西方文化迅速扩张，从而越来越多的年轻人开始忽视本土的传统文化，而开始重视从国外来的新文化习俗，包括婚姻观念与婚礼习俗。因此，世界文化都在慢慢地演变，似乎越来越开放。

调查结果显示，当代中意青年在婚恋形式、婚恋稳定性与择偶标准上还有一些区别。造成这些差异的主要文化原因有以下几点。

第一，中意注重传统的程度不同。在意大利和中国的传统文化中，婚姻一直代表着人生非常重要的阶段。意大利和中国从古到今是两个非常注重传统的国家，因此传统的婚恋形式仍然是现代中意青年最认同的婚恋形式。

在意大利，婚姻的重要性与基督教有一定的关系。随着意大利的对外开放和妇女地位的提高，意大利年轻人与基督教的关系有所变化。由于该关系的转变，现在意大利青年更加容易接受除了传统婚姻以外的其他婚姻形式，譬如只同居、丁克与同性婚（传统的基督教并不接受这三种婚恋形式）。中国至今还没形成与意大利相同的结果。现在大量的西方思想已进入中国，所以中国青年越来越受到西方婚恋观念和家庭观念的影响，不过还有大多数人不认同那些不符合传统的婚恋形式。调查结果确认了上述的内容，例如试婚的高认可度，只同居而不结婚和同性婚的低认可度等。

第二，中意注重经济条件的程度不同。与意大利人相比，中国人非常看重金钱与社会地位，在择偶过程和实际婚姻生活中，这两种因素都有突出的重要性。在中国古代，情感在择偶与婚恋方面基本没有重要性，大部分婚姻都是包办婚姻与买卖婚姻。现在，情感因素的重要性有所提高，不过与意大利人的观念相比，情感不是中国青年考虑婚恋的唯一因素。中国人从古到今都重视门当户对，所以他们以经济条件、家庭背景和学历水平为择偶标准。他们习惯寻找一个经济条件比自己好的，社会地位比自己高的，或者至少和自己差不多的配偶，这就是中国人婚恋观念的特点。调查结果确认了上述内容的真实性。

第三，中意注重父母意见的程度不同。关于择偶，意大利青年一般觉得父母的意见是一种不一定需要听从的建议。与此相反，在中国，大部分中国青年认为父母的意见在择偶上很重要。以往，子女没有任何婚恋自主权，婚恋由父母决定，结婚之前子女往往连基本的交往也没有过。新中国成立后，开始维护婚姻自由，婚姻法禁止包办婚姻、买卖婚姻以及其他干涉婚姻的行为。20世纪70年代末，中国开始实行计划生育政策，家人的爱与希望都放在一个孩子身上，他们望子成龙，对孩子要求过于严格，尤其在择偶方面与学习方面。调查结果显示，现代的中国青年还认为父母的意见在择偶上很重要，不过他们选择结婚已不是为了家族的利益，而是为了谋求自己最真实的爱情。

3.2 社会经济的影响

在全世界，婚恋的不断演进反映了每个历史阶段的社会与经济形势。从20世纪至今，中意社会经济的飞速发展给中意人民的生活带来许多好处，譬如生活水平的提高、平均期望寿命的延长、妇女地位的提高等。但与此同时也带来不少问题，例如生活节奏的加快、生活压力的增大、人们之间竞争力的提升、基尼系数的增大等。这些方面也影响到中意青年对婚恋的看法。调查结果显示，中意青年的平均初婚年龄偏大，迟婚和不婚的趋势在两个国家越来越明显。造成这种现象的主要社会经济原因有以下几点。

第一，适婚青年的减少。由于不同的原因，自20世纪70年代末期起，中国和意大利的生育率下降，同时人口平均寿命延长，因此两国总人口中年轻人占比减少，老年人口大量增加。这意味着两个国家都已进入了人口老龄化时期，可是意大利和中国的老龄化不完全相同，区别在于开始的原因与速度。

在第二次世界大战结束之际，意大利不但没陷入经济大衰退，反而进入高速发展的黄金时期，在短时间内创造出举世瞩目的“经济奇迹”，也成为欧洲的主要经济体。但由于经济停止增长与失业率上升，自20世纪70年代末期起，意大利经济开始不景气，致使意大利人民对未来缺乏信心，因此结婚率和生育率开始下降，老年人数量随之增加。中国的历史过程则完全不同。新中国成立后，随着经济的快速发展、生活水平的飞速提高、老百姓平均寿命的大幅延长，人口老龄化越来越严重。与此同时，由于之前计划生育政策的实施以及现在养育孩子的巨大压力，都导致生育率大幅下降。

由于两个国家不同的社会与经济形势，20世纪以来，中意年轻人数量下降并且人口平均寿命延长，结果是适婚青年有所减少，因此结婚率呈明显的下降趋势。

第二，人生阶段的推迟。现代年轻人离开父母独立生活的年龄越来越大，从而导致初婚年龄的推迟。造成这种现象的因素很多，其中最重要的三个是：学制的延长、适应现代工作的许多困难，以及房价的不断增长。

20世纪以来，意大利和中国都力争扫除文盲，提高人民的受教育水平，两国社会和经济都得以进一步发展。现代中意青年一般从四五岁一直学习到23岁以上，而且高等教育可以给当代青年提供更多工作机遇，所以受教育在年轻人生活中占据主导地位。除了投入大量时间以外，年轻人为了接受教育也需要投入大量金钱，因为学费在两个国家都非常昂贵。尤其是在中国，有些年轻人甚至为了上学而欠下巨额债务。毕业以后，青年开始尝试进入职场，但这个过程并不简单。2008年世界金融危机爆发，很多国家经济不景气，所以工作开始缺乏稳定性并且工作机会减少，这种情况在意大利尤其严重。此外，不断上涨的房价也使年轻人不容易选择离开父母独立生活。上述因素的影响在经济不景气时放大，导致青年的人生阶段有所推迟，尤其是成家、生儿育女。

第三，妇女地位的提高。妇女地位是个举世瞩目的话题。妇女解放带来女性地位的提高、女性受高等教育的数量增长，这些因素促使妇女人生阶段的推迟和变化。

旧意大利是个宗法社会。在文艺复兴（14到16世纪）时期，妇女只能充当四种角色：修女、妻子、女佣人或角妓，一定要服从男人，在家做家务。她们没有社会地位，也没有婚姻自由，只有一些富有的女性可以按照丈夫的意志接受教育。在法西斯主义（1922—1943）时期，妇女还没有任何权利：无表决权、无法接受教育，只能在家做家务并养不少孩子。自1943年起，意大利妇女开始为女性权利与自由做斗争，1945年妇女终于获得表决权，并且新宪法规定男女平等。

旧中国是个男尊女卑的社会。在数千年的封建时代，妇女要遵守三从四德，要一辈子服从男人，在家做家务，生很多孩子。她们没有社会地位，没有政治权利，不能接受教育，也没有婚姻自由。1911年封建帝制被推翻，中国妇女终于看到了一线希望，特别是1915年的新文化运动和1919年的五四运动，更加改变了人们的许多观念。人们开始谋求民主和自由，提倡男女平等，反对重男轻女。1949年中华人民共和国的成立标志着中国妇女的真正解放，新宪法规定妇女享有同男子平等的权利，法律也废除包办婚姻、买卖婚姻和一夫多妻等社会习俗。

如今，在中国和意大利，女性接受高等教育的比重有所提高，几乎每个成年女性都有一份职业，她们在外和男同事一起工作，在家和丈夫一同做家务，经济独立使她们获得人格的独立和自由。可是在女性地位提高的同时，依然有不少女性在工作中遭遇隐形性别歧视、孕期时被解雇等问题。因此，目前有一些女性为了学习或工作选择晚婚或不婚。此外，因为生孩子的压力巨大，可能成为阻碍女性立业的原因，所以很多女性只能选择先立业后成家。

调查结果验证了上述的内容，92% 的中国青年和 75% 的意大利青年认为结婚之前需要完成自己的学业并找到稳定的工作。其中，女性和男性的比例相同。

四　当代中意青年婚恋观念的影响

调查结果显示，受访的中意青年认为晚婚不婚的趋势会产生很多影响，例如消费习惯的变化、生育率的下降、劳动人口的不足等。其中，有的影响正在变为现实，有的还没有，但是离我们的生活并不远。最主要的影响可以分为两个大部分：对年轻人自己的影响和对社会经济的影响。

4.1　对年轻人自己的影响

婚恋观念的变化使年轻人生活的焦点从家庭转移到个人。在中国古代和意大利古代，年轻人很早结婚，生的儿女较多，在这种情况下，女人需要在家养孩子、做家务，男人需要努力工作以便养活整个家庭。现代青年已没有早婚的风俗，也没有生很多孩子的习惯，所以与过去相比，他们有大量时间可以投入到个人成长的方方面面，比如工作、学习、爱好等。此外，由于没有婚姻与养孩子的责任，他们的选择更加自由。他们可以从小到大一直学习，也有时间去提升自己，工作的阻碍也会变少，可以更加容易接受搬家或者夜班的条件，因为他们不需要挣钱养活自己的家庭，也不需要每天在家养孩子。

4.2　对社会与经济的影响

在社会和经济方面，现代青年婚恋观念的形成原因与其对未来的影响有着密不可分的联系，这是因为其形成原因和婚恋观念变化造成的后果差不多，例如生育率的大幅下降、人口老龄化越来越严重等。不仅如此，这种观念还可能导致社会风俗或习惯的变化。据调查结果，青年婚恋观念变化在社会和经济方面造成的主要影响有以下几点。

第一，劳动人口的不足。如果青年继续保持晚婚或不婚的趋势，会越来越认同丁克家庭，对生育率与老龄化一定会有影响。这种人口转化不但会在经济发展与福利事业方面有影响，而且还会在企业组织与生产的产品、工作环境与时间等方面有一定的影响。主要原因是生育率下降会造成劳动人口与人才不足的问题。劳动力的不断减少可能会引起三个主要后果：一是劳动人口的老化，即工作人口中，老年工人慢慢地增多，相反，青年工人减少。需要注意的是，劳动人口的老化有许多问题：虽然老年工人的经验更加丰富，但是他们缺乏科技创新能力，有些工作需要力量与平衡，或者对视力与听力要求高，这些工作老年人不如年轻人有优势。此外，他们发生工伤的风险比青年工人大。二是退休的延迟，这可能使年轻人工作机会减少，加之人口平均寿命的延长，使得领养老金的人越来越多，这就会给各国政府财政带来巨大压力。三是劳动力成本的提高，老年工人与青年工人的成本有很大的差距，这是因为老年工人的保健费与健康保险更加昂贵。

第二，消费者习惯的变化。结婚需要男女双方投入大量资金，该资金中不仅仅有婚礼费用，还有买房、抚养子女、实际婚姻生活的费用等。因此，现代不少青年选择不婚或选择等待时机而晚婚，例如升职、工资增长等时机。这种做法会对他们的消费习惯与金钱管理习惯有所影响。假如结婚率与生育率继续下降，青年不会在婚礼、养孩子等方面花钱，因此他们有大量金钱可以投入到自己生活的许多方面。此外，由于没有养孩子的费用，年轻人的储蓄率可能降低。

第三，产业发展的变化。有许多产业受到晚婚或不婚趋势的影响，比如婚庆产业、儿童产业、老年产业。这是因为它们是一些依赖人口状态、结婚率、生育率等方面的产业。结婚率上升的时候，生育率也上升，婚庆产业与儿童产业有机会飞速发展；结婚率下降的时候，生育率也下降，而人口老龄化有增无减，因此婚庆产业与儿童产业可能遇到问题，而老年产业可能飞速发展。总之，这三个产业随着青年婚恋观念的变化而改变。

五　结论

本文研究当代中国和意大利青年的婚恋观念。文中讨论了许多话题，包括中意青年婚恋观念的异同、婚恋观念差异与相似性的主要原因、当代中意青年婚恋观念对未来的影响。

调查结果显示，意大利和中国青年的婚恋观念既有共同点又有差异。最主要的共同点是中意平均初婚年龄逐渐偏大而且结婚率呈明显的下降趋势。这种现象出现的主要原因是经济社会方面的，譬如生活水准的提高、平均期望寿命的延长、适婚青年的减少、人生阶段的延迟、妇女地位的提高。最主要的差异在于婚恋形式、婚恋关系稳定性观念以及择偶标准。与意大利青年相比，中国青年不太认同两种婚恋形式：只同居而不结婚和同性婚。中国青年觉得经济条件在婚恋稳定性上很重要，意大利青年则仅考虑情侣之间的相处之道。此外，中国人除了伴侣的主要个人特点以外，还以经济条件、家庭背景、学历水平和父母意见作为择偶标准；而意大利青年的择偶标准不包括这些，主要看重伴侣的性格和价值观念。这些差异出现的主要原因与传统文化有关系。

婚恋观念的变化会引起年轻人生活的焦点从家庭移到个人，也会对社会和经济造成一定的影响，例如劳动人口的不足、消费者习惯的变化以及产业发展的变化。

除了上述问题以外，我们认为，中意婚恋教育也是值得重视的。我们推测，中意婚恋教育有许多影响青年想法的共同点，也有许多很有意思的差异，但限于时间与能力，本文并没有对上述这些问题做深入地探讨。相关研究，尚有待进一步展开。

参考文献

ISTAT, Report matrimoni ed unioni civili 2018, www.istat.it/it/archivio/235759, 2020 年 3 月 17 日访问.

ISTAT, Report matrimoni, separazioni e divorzi 2015, www.istat.it/it/archivio/192509, 2020 年 4 月 6 日访问.

肖武. 中国青年婚姻观调查 [J]. 当代青年研究，2016(05):79-85.

曾远力. 当代中国青年的婚姻实践 [J]. 青年探索，2019(06):30-40.

翟振武，刘雯莉. 中国人真的都不结婚了吗——从队列的视角看中国人的结婚和不婚 [J]. 探索与争鸣，2020(02):122-130+160.

共青团中央网络影视中心“青年之声”婚恋服务委员会，当代青年群体婚恋观调查报告——“青年之声”《怎样让青年更幸福》调查问卷分析，2018 年.

顺顺，2018 中国平均结婚年龄是多少，www.hunliji.com/bai_ke/detail_8335，2020 年 4 月 7

日访问.
婚礼纪，2018年90后女生平均结婚年龄统计，你拖后腿了吗？. baijiahao.baidu.com/s?id=1617018600818720913&wfr=spider&for=pc, 2020年4月18日访问.
小白读财经，生活当中的结婚经济学，你都知道了吗？，www.sohu.com/a/307643626_440500, 2020年4月18日访问.
F.SPEROTTI, Demografia e mercato del lavoro: i cambiamenti dei prossimi quarant'anni in DRI, Giuffrè, 2011.
尹俊国. 李银河：婚姻行走在刀刃上 [J]. 中国青年，2014(16):20-21.
F.SPEROTTI, L'invecchiamento della forza lavoro: criticità e soluzioni per le aziende, Bollettino Adapt, 2011.

指导教师：李瑞

北京高校学生使用短视频 APP 的现状调查与分析
——以“抖音”为例

李旻智
（首都师范大学国际文化学院 2019 届本科生　韩国）

一　引言

1.1　选题缘由与研究价值

现在，人们的生活离不开手机，手机改变的不仅是信息的传播方式与速度，更深深影响着人们的生活方式和媒介习惯。手机软件为手机增加了丰富多彩的功能，其中短视频 APP 属于移动互联网时代下的新生事物，它从字面上理解，即时长较短的视频 APP。抖音在短视频市场中是比较火的一类。抖音是一款可以拍短视频的娱乐创意短视频社交软件，该软件于 2016 年 9 月上线，是一个专注年轻人娱乐短视频的社区平台。用户可以通过这款软件拍摄娱乐短视频，并配上音乐，形成自己的作品。

本文以北京高校学生为调查对象，采用访谈与问卷调查的方式，了解北京高校的本科生以及研究生使用抖音 APP 的实际情况及其评价与建议，分析北京高校学生对抖音的看法以及抖音给他们的生活带来的影响。本文的研究成果能提供相关调查对象的使用情况，为开发者完善抖音软件提出实用的意见与建议，也能为相关研究提供参考。

1.2　研究方法

为了解北京高校学生使用抖音 APP 的现状，本文首先所采用的方法是以访谈与问卷两种方式对北京高校学生进行相关调查。其次，取得调查结果后，笔者进行了相关数据统计与情况分析。

1.3　关于调查过程与相关情况的说明

笔者的调查采取了访谈与问卷调查两种方式，以下分别简要说明这两种调查的过程与相关情况。

1.3.1 关于访谈过程与相关情况的说明

本文为大概了解北京高校学生使用抖音 APP 的情况，所以先对北京高校学生做了该次访谈，笔者于 2018 年 3 月 11 日通过手机联系方式，对 14 位北京高校学生进行了访谈。笔者在提问之前准备了一些相关问题，这些问题主要包括三个方面，一是是否使用抖音；二是使用者、未使用者对抖音的看法；三是以后是否继续使用。访谈人与笔者的关系都是相熟的朋友。访谈结果除调查对象对问题的回答，还有他们对抖音 APP 自发的感受。

由于访谈是出于初步了解情况的目的，询问的问题没有问卷调查那么细致，但访谈有自己的优点，如被访谈者的回答比较详细、有特色、有个性。访谈的情况也会在下面调查分析中的相关部分列出。

1.3.2 关于问卷调查过程与相关情况的说明

本次调查时间为 2018 年 4 月 1 日到 5 日，地点为北京市范围内。调查的对象为北京高校学生。本次问卷调查采用线上调查方式，所有问卷均通过微信发送给被调查者。问卷调查时间为 2018 年 4 月 1 日至 4 月 5 日，本次问卷调查通过问卷星 APP 完成，我通过微信分发调查问卷，收回问卷 201 份，其中有效问卷为 162 份，无效问卷为 39 份。笔者通过问卷星进行了答案的整理。

该项调查的问卷共设计 23 道题，其中第 1 题至 22 题为客观选择题（包括单选与多选两种方式），第 23 题为主观题。调查问卷的内容主要包括两方面：一是北京高校学生使用抖音 APP 的基本情况及对抖音软件的评价；二是北京高校学生对抖音 APP 的建议，如在使用过程中，抖音 APP 存在哪些问题及需要改进的方面。

二 北京高校学生使用抖音 APP 的基本情况及其评价

2.1 调查对象的基本信息

2.1.1 访谈对象的基本信息

14 位被访谈者皆为北京高校学生，其中男生 4 位，女生 10 位，年龄为 20 ～ 25 岁，均为本科生。

2.1.2　问卷调查对象的基本信息

在收到有效调查问卷的162位北京高校学生中，男生40位，占总人数的25%；女生122位，占总人数的75%。

从年龄看，19～25岁的学生占的比率最多，共有142位，26～30岁有15位，18岁以下的有3位，31岁以上有2位。

从学习阶段看，最多的是硕士及以上阶段的学生，共有54位，占总数的33.3%；其次是大三年级的学生，共有50位，占30.9%；大二年级的学生，共有32位，占19.8%；大四年级的学生，共有17位，占10.5%；大一年级的学生，共有9位，只占5.6%。

2.2　调查对象使用抖音APP的情况

笔者首先调查了各种短视频软件的受欢迎情况。问卷调查得到的结果如图显示：

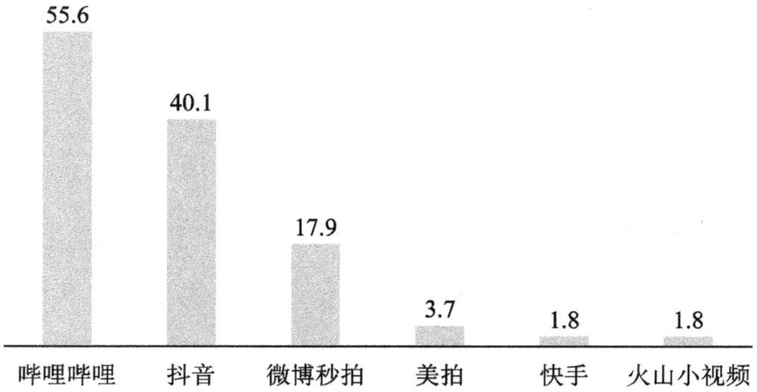

图1　通常使用的短视频种类

从图1可以看出，在本次问卷调查中，最受欢迎的视频软件是哔哩哔哩（b站），占总数的55.6%；其次是抖音，占40.1%；第三是微博秒拍，占17.9%；美拍占3.7%；快手和火山小视频各占1.8%，还有其他知乎上的视频等。从调查结果看，抖音的受欢迎程度仅次于哔哩哔哩（b站）。

在162个问卷调查对象中，平时使用抖音app的人占56%。

除以上问卷调查数据以外，在我的访谈对象中，有7位学生用过抖音APP，有7位学生未用过。

2.2.1 使用难易程度

根据问卷调查结果，对于抖音软件使用的难易程度问题，在使用过抖音APP的人中，认为简单的占53%，很简单的占23%，还好的占23%，难的占1%。由此可见，从问卷调查情况看，大部分北京高校学生都认为抖音APP操作比较简单。虽然我们的调查没有涉及更多年龄段的使用者，但也能看出使用简单是抖音推广迅速的一个原因。

访谈时未涉及抖音软件使用的难易程度问题。

2.2.2 使用频率、时间与场合

北京高校学生使用抖音APP的使用频率及时间因人而异，学生个体的情况有所不同。

问卷调查结果如表显示：

表2 使用频率

选项	人数小计	比例（%）
天天使用	19	20.9%
经常使用	16	17.6%
比较少用	23	25.3%
偶尔使用	33	36.3%

根据上面的统计，我们可以得知，有33位学生偶尔使用，占总数的36.3%；有23位学生比较少用，占总数的25.3%；有19位学生天天使用，占总数的20.9%；有16位学生经常使用，占总数的17.6%。由此可见，北京高校学生实际上使用抖音APP的频率并不高。

除在使用频率上有所不同外，使用者在抖音软件上花费的时间也有所不同。我们得到的问卷调查结果分析如下：

表3 使用时间

选项	人数小计	比例（%）
30分钟以内	49	53.9%
30分钟～1小时	25	27.5%

续表

选项	人数小计	比例（%）
1 小时～2 小时	13	14.3%
2 小时以上	4	4.4%

根据上面的统计，我们可以得知，大部分的学生一天使用抖音 APP 的时间为 30 分钟以内，该项占总人数的 53.9%，而 30 分钟至 1 小时的有 25 位，占总数的 27.5%；1 小时至 2 小时的有 13 位，占总数的 14.3%；2 小时以上的有 4 位，占总数的 4.4%。笔者又问了几位回答问卷的学生，他们说平时学业任务重，平常几乎没有时间观看短视频，偶尔有一点时间会刷几次。

以上是对使用频率的时间的调查，在本次研究中，我们还调查了使用者使用场合的情况。问卷调查得出的结论如表显示：

表 4　使用场合

选项	人数小计	比例（%）
睡觉前	59	64.8%
坐车时	22	24.2%
上下学路上	17	18.7%
就餐时	16	17.6%
聚会时	6	6.6%
其他场合	15	16.5%

如表 4 所示，一半以上的学生一天忙完之后“睡觉前”刷抖音观看短视频，有 59 位，占总数的 64.8%；选择“坐车时”的有 22 位，占总数的 24.2%；选择“上下学路上”的有 17 位，占总数的 18.7%；选择“就餐时”的学生有 16 位，占总数的 17.6%；选择“聚会时”的有 6 位，占总数的 6.6%；选择“其他场合”的有 15 位，占总数的 16.5%。选择“其他”的 15 位学生的理由是：有 14 位学生利用空闲打发时间；1 位学生为录自己的视频时。笔者又问了几位回答问卷的学生，他们都认为刷抖音是使用碎片化的时间来放松一天过于烦燥、疲惫的心情。从这个调查中也能看出，睡前玩手机包括玩抖音是大学生的一种放松方式。

2.2.3 观看内容、目的与反应

除在使用频率、花费的时间上有所不同外，使用者观看抖音 APP 的目的也有所不同。我们得到的问卷调查结果如下：

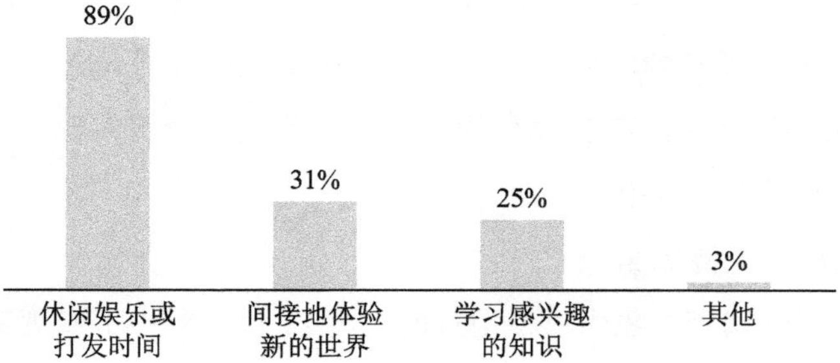

图 5　观看抖音 APP 的目的

上图 5 数据显示，选择“休闲娱乐或打发时间”的占 89%；选择“间接地体验新的世界”的占 31%；选择“学习感兴趣的知识”的占 25%；选择“其他”的占 3%。“其他”中，一种是毫无目的，另一种是追星。

由此可见，抖音是一种以休闲娱乐、打发时间为主的视频软件。以前如果我们要得到一些知识都必须得花较多的时间搜索信息或者查找资料，但是目前通过抖音我们不但可以间接地体验我们从未经历过的世界，而且还可以获得信息，甚至有的人群通过抖音免费地学习一些自己感兴趣的知识。

以上是对观看抖音 APP 的目的调查，在本次研究中，笔者还调查了观看抖音 APP 时的反应。问卷调查得出的结果如图显示：

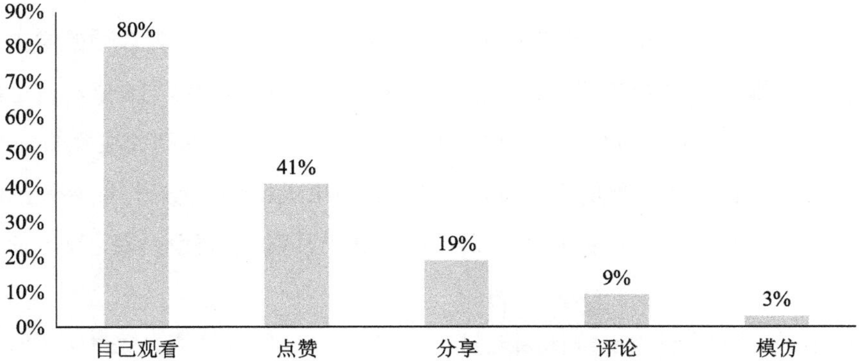

图 6　观看抖音 APP 时的反应

从上图 6 可以看出，最主要的方法是自己观看。选择该项的学生有占总数的 80%；选择点赞的占 41%；选择分享的占 19%；选择占评论的占 9%；选择模仿的占 3%。我们不难看出，在高校学生观看抖音时倾向于自己观看，而不是喜欢模仿。原因可能是现在学校安排的大学课业课程较多，学习压力比较繁重，时间紧张，没有那么多富余时间，因此很多学生使用抖音只是为了打发时间，而观看时懒得做其他事情，观看后点赞一下不费事，选择的人较多，但评论、模仿这种比较费事的反应就很少了。

2.2.4 录制和上传情况

在 162 个问卷调查对象中，使用过的人为 91 位，其中不仅观看而且自己录制并上传过视频的人各占 45 位、没有上传过的有 46 位，我们可以从两方考虑问题，一方面是有经验的人录制并上传视频至抖音 APP 上的目的，另一方面是无经验的人不在抖音 APP 上传视频的原因。我们得到的问卷调查结果如下：

表 7 录制并上传视频至抖音 APP 上的目的

选项	人数小计	比例（%）
记录生活	32	71.11%
分享搞笑片段	18	40%
跟风体验新事物	9	20%
提高关注度	5	11.11%
其他	2	4.44%

从表 7 上可以看出，使用者最主要的目的是记录生活。选择该项的学生共有 32 位，分享搞笑片段仅次于记录生活。选择分享搞笑片段的有 18 位，占总数的 40%；选择跟风体验新事物的有 9 位，占总数的 20%；选择提高关注度的有 5 位，占总数的 11%；选择其他的有 2 位，占总数的 4%。由此可见，目前抖音已成为大家记录生活的工具，以前是写日记，但现在已经慢慢转变成以视频记录生活的方式。

以上是对观录制并上传视频至抖音 APP 上的目的的调查，在本次研究中，我们还调查了不在抖音 APP 上传视频的原因。问卷调查得出的结果如下：

表 8　不在抖音 APP 上传视频的原因

选项	人数小计	比例（%）
没时间录制 / 编辑或者上传视频	25	54.4%
害羞，怕被别人看到	15	32.6%
觉得自己的生活无趣	9	19.6%
其他	4	8.7%

根据问卷调查结果得知，有 46 位不在抖音 APP 上传视频，原因主要有以下几个方面。占比最大的是没时间录制 / 编辑或上传视频；有 25 位学生选择了该项，占总数的 54.4%；有 15 位学生害羞、怕被别人看到，占总数的 32.6%；有 9 位学生选择觉得自己的生活无趣，占总数的 19.6%；有 4 位学生选择其他，占总数的 8.7%。总体来说，没时间录制 / 编辑或者上传视频和害羞、怕被别人看到是不在抖音 APP 上传视频的最大的原因。

2.3　调查对象对抖音 APP 的评价

问卷调查对象对抖音 APP 的评价既有正面的，也有负面的。

问卷调查对抖音 APP 的正面评价的结果如下：

表 9　使用抖音的有利影响

选项	人数小计	比例（%）
获得更多有关生活、娱乐等多方面的资讯	64	70.3%
了解各种各样的热点	51	56%
学习知识、开阔眼界	44	48.3%
许多网红店、网红视频的兴起	30	32.9%
其他	2	2.2%

上表 9 显示，选择“获得更多有关生活、娱乐等多方面的资讯”的占 70.3%；选择“学习知识，开阔眼界”的占 48.3%；选择“了解各种各样的热点”的占 56%；选择“许多网红店、网红视频的兴起”的占 32.9%；“其他”占 2.2%。“其

他”中，一种是体验生活，另一种是觉得没什么好处。可见，大部分高校学生使用这款 APP 时，能够感受到的更多是间接地体验一些生活、获得丰富多彩的知识。

被访谈者也提到了抖音有很多优点，比如说抖音能够丰富业余文化生活，抖音短视频的大数据技术可以知道他们喜欢看哪方面的内容，并把他们喜欢的分类推送给他们。例如有被访者喜欢旅游和风景，就可以通过抖音看到世界各个角落。同时在休息时间也能够达到放松的目的，让他们在闲暇之余能消遣一下，能给他们带来很多欢笑。抖音里有很多有趣的短视频，也有很多有才华的人，观看这些的时候能够给自己的生活增添一些乐趣。被访谈者说抖音也不乏励志的短视频，抖音是很多平凡人的一个展现平台，也带动他们跟上时代的步伐，了解更多新鲜的事物，并且在抖音上可以看到各种各样不同人的生活状态，可以了解到不同人群的精神与文化。他们有时也会拍抖音，会去做一些平时不太敢做的动作，这样能激发出不同的自己，因为网络世界更自由一些，所以也能更全方面地展示自己。在他们看来，抖音是一个能传播正能量、增强群体认同感和凝聚力的视频软件。当然，还有些同学也谈到抖音是十分便捷的，可以找到很多需要的学习资料或者是需要的考试信息。

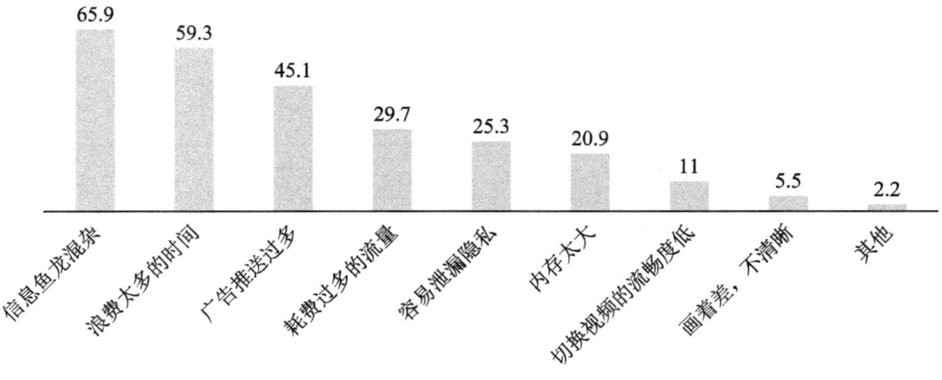

图 10　从使用者角度看，抖音 app 上存在的问题

那么，抖音 APP 在使用过程中存在哪些问题呢？

问卷调查显示，在使用的过程中，有 65.9% 的学生觉得信息鱼龙混杂；59.3% 的学生觉得浪费太多的时间；有 45.1% 的学生觉得广告推送过多；有 29.7% 的学生觉得耗费过度的流量；有 25.3% 的学生觉得容易泄露隐私；有

20.9% 的学生觉得内存太大；有 11% 的学生觉得切换视频的流畅度低；有 5.5% 的学生觉得画质差、不清晰，其他的占 2%。这 2% 中包括，有同质化现象，正能量少。因此，抖音 APP 不都是能够满足每个学生的需求。

访谈中也有一些学生谈到了抖音 APP 上存在的问题，比如大部分被访谈者都提到抖音会浪费太多时间，尤其是对于一些自制力比较差的青少年来说，他们会熬夜刷抖音，很不利于健康。刷抖音很容易上瘾，一刷就是好几个小时，时间不知不觉就用完了，一定程度上耽误了做其他事的时间，所以他们觉得刷抖音还是要有节制，累了乏了可以偶尔刷一刷。此外，抖音上重复和无意义的内容较多，抖音的很多内容都是重复的，很多动作与音乐，比如一些比较火的流行音乐会被很多人当背景音乐多次使用，同样的内容太多人去模仿，加起来就更加浪费了很多接触新事物的时间。

同时，因为抖音上的内容非常广泛，所以也会有一些视频内容会对青少年的成长产生不好的影响，使青少年放弃奋斗。比如说他们观看别人一些理想化的生活时会产生代入的心理，从而放弃自己的奋斗，长此以往，会对抖音上的内容产生依赖性。还有的视频宣传的东西让人感觉价值观有问题，好多都是那种灯红酒绿的东西，真正有意义的或者让人惊艳的视频有些少。另外，技术方面的问题也有人提到，比如这个软件都是视频，所以会占用不少手机内存。

有的用户对抖音的评价非常满意，这样就会更经常运用抖音；而有的用户对抖音的评价一般，就会不情愿使用抖音。因此，我们认为使用者对抖音的整体评价是重要因素，我们将整体评价分为非常满意、很满意、一般、不满意、非常不满意五个方面，根据问卷调查得到的结果分析如下：

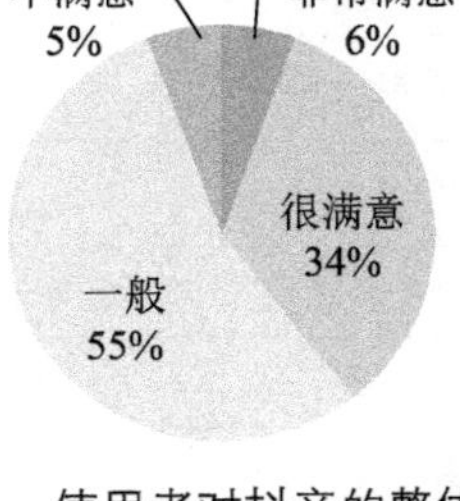

图 11　使用者对抖音的整体评价

如图 11 所示，从问卷调查数据可知，大部分用户对抖音的满意度评价是一般，比例占了总数的一半以上。

2.4　未使用抖音 APP 的调查对象人数统计及原因分析

针对抖音使用的情况，笔者通过电话采访了 14 位北京高校学生，其中未使用抖音的有 7 位，笔者也单独询问了他们未使用抖音的具体原因，总结如下。

第一个原因与时间相关。学业繁重且还有其他娱乐项目也占用了很多时间。

第二个原因与内容相关。有同学提到抖音内容不够有趣、过于庸俗、低趣味、与观者价值观不符，优质内容不多、重复的内容较多。

第三个原因与其他社交平台相关。有同学认为与抖音相比，其他社交平台更有趣，而且抖音上的内容也会被转到其他平台。

第四个原因与功能相关。有的同学使用的手机内存本身很小，但抖音占太多手机的容量，且有一些大家需要却没有的功能，如缓存等。

除此之外，有 1 位在使用同学的看法比较特殊，因此特意列出来，回答如下：

抖音现在在中国相当于是引领时尚的一个应用。里面有很多人通过拍短视频拥有了大量的粉丝，有大量粉丝的人可以从素人进军娱乐圈，成为明星，还有很多歌曲也是通过抖音又再度红起来的，各大卫视的晚会上也都会演唱。在中国，稍微夸张一点儿来说，光靠微博或者其他应用已经没有办法完全赶上时代的步伐了。

问卷调查中，162 个被调查者里，未使用过抖音的占 44%。未使用者不使用这款 APP 的原因主要分为七个方面，根据问卷调查得到的数据结果分析如下：

表 12　未使用者完全不使用抖音 APP 的原因

选项	人数小计	比例（%）
视频内容低级，不感兴趣	58	82%
浪费时间	49	69%
可以在其他平台上看到抖音视频（如微博等），无需下载	19	27%
手机内存不够，不方便下载	12	17%
广告过多	11	15%
功能少，无法满足需求	4	6%
其他	5	7%

上表 12 数据显示，选择“视频内容低级，不感兴趣”的占 82%；选择“浪费时间”的占 69%；选择“可以在其他平台看到抖音视频（如微博等），无需下载”的占 27%；选择“手机内存不够，不方便下载”的占 17%；选择“广告过多”的占 15%；；选择“功能少，无法满足需求”的占 6%；选择“其他”的占 7%，选择“其他”里主要包括一种意见是无聊、对短视频软件不感兴趣。

从以上问卷调查结果可知，大部分未使用抖音的学生觉得这款 APP 视频内容低级，不感兴趣，浪费时间。目前，手机软件种类丰富多彩，可以满足不同人的个性需求，且短视频市场已饱和，大部分视频软件内容可以共享。因此，有一些人倾向于选择在其他平台获取短视频信息。

三　北京高校学生对抖音 APP 的建议及未来使用意愿

3.1　北京高校学生对抖音 APP 的建议

在使用一款 APP 的过程当中，我们经常会遇到各种需要改善的地方，因此笔者调查了北京高校学生对抖音 APP 的改进意见与对未来发展的具体建议。

为了解使用者对抖音的哪些方面不满意，笔者在问卷调查中设计了第 21 题：您认为抖音短视频 APP 可以在哪些方面进行改进？下面是对问卷第 21 题的调查结果：

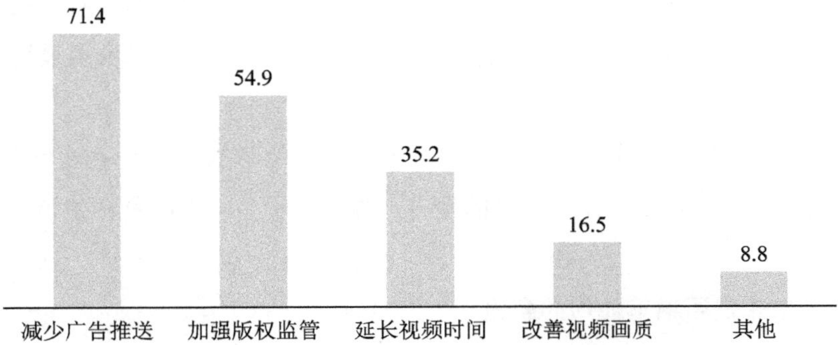

图 13　抖音短视频 APP 改进方面

为了更进一步深入了解北京高校学生的具体建议，笔者在问卷调查中设计了第 23 题：您对抖音 APP 的未来发展有什么建议？请被调查者自由回答。在填写了第 23 题的 91 名被调查者中，有 35 位填写了没有想法，6 位认为已经非常完善，

51 位提出了一些意见。

综合第 21 题和第 23 题的调查结果，大家提的建议一共分为 5 类。

第一类建议是有关 APP 监管方面的。第 21 题中，有 54.9% 的学生认为需要加强版权监管，在“其他”选项中，有同学提到“加强平台管控，提升品质，透明推送办法，公开后台数据，热门竞价自由”；第 23 题中，有 16 位都提出了监管方面的建议，其中 1 位提到了希望加强网络空间的有序性，11 位提到了希望能够通过监管过滤低俗视频。

第二类建议是有关广告推送方面的。第 21 题中，有 71.4% 的学生认为需要减少广告推送；第 23 题中，有 7 位都提出了广告方面的建议，其中 2 位提到了广告里边的内容既单一又虚假，希望减少推送这类的广告。

第三类建议是有关内容方面的。第 21 题中，没有包括该项；第 23 题中，有 14 位都提出了内容方面的建议，其中 5 位希望内容适当更新，以及有正能量的视频更多一些。

第四类建议是有关拓展受众方面的。第21题中，没有包括该项；第23题中，有 2 位提出该方面的建议。

第五类建议是有关设计与功能方面的。第 21 题中，有 16.5% 的学生认为应改善视频画质，有 35.2% 的学生认为应当延长视频时间；在“其他”选项中，有同学提到“提醒使用时间长短的方式更醒目一点和频繁一点”；第 23 题中，有 7 位学生都提出了设计及功能方面建议，其中 4 位学生指出这款 APP 耗费很多的流量，有 2 位同学认为 APP 占据很大的内存，还有同学提出希望设置画面上提醒时间的功能。

由此可知，虽然现在抖音在短视频市场内的定位明确，并且表面上看来很完善，但用户认为还是存在需要改进的地方，并提出了多方面的具体建议。

3.2　未来是否继续使用的意愿

为了解使用者未来是否继续使用这款 APP，做了该项调查，问卷调查得到的结果如下：

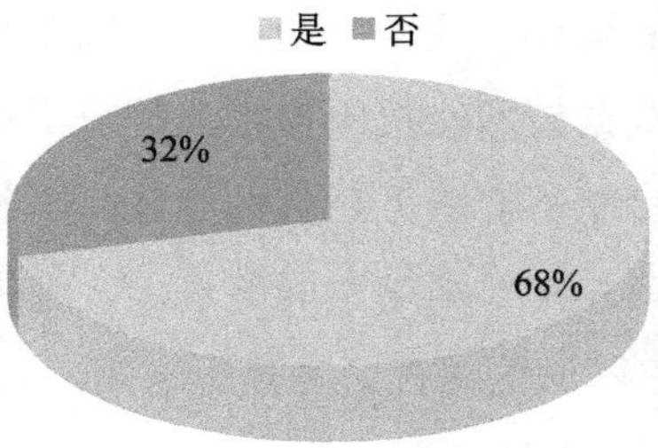

图 14　使用者是否继续使用抖音

从图 14 可以看出，选择继续使用抖音的共有 62 位，占总数的 68.1%；选择不继续使用抖音的有 29 位，占 31.9%。可见，大部分的用户对抖音的好感度还是比较高，这说明抖音未来还是有发展的空间。

四　结语

通过访谈与问卷调查，笔者了解了北京高校学生对抖音 APP 的使用情况与评价。从调查结果看，抖音的受欢迎程度仅次于哔哩哔哩（b 站），绝大多数被调查者认为它使用简单。

经过调查，我们可以从被调查者的使用情况看出以下特点。

1. 在使用频率、时间与场合方面，北京高校学生使用抖音的频率并不高。每天使用抖音在一小时以内的人占大多数，并且大部分被调查者一般都是在睡觉前、坐车时等碎片化时间使用抖音放松心情。

2. 在观看内容、目的与反应方面，北京高校学生观看抖音短视频不仅是为了间接地体验他们从未经历过的世界，而且还为了方便地获得各种信息，有的人群甚至是通过抖音免费地学习一些自己感兴趣的知识。至于观看的反应，由于现在学校安排的大学课业课程较多，学习压力比较繁重，时间紧张，没有那么多富余时间，观看后点赞一下不费事，因此选择的人较多，但评论、模仿这种比较费事的反应就很少了。

3. 关于录制与上传视频的原因，从调查结果可知，目前抖音已成为部分北京高校学生记录生活的工具，以前是写日记，但现在已经慢慢转变成以视频记录生活的方式。

调查显示，北京高校学生认为抖音的优点主要是可以让他们便捷地获得更多生活、娱乐等多方面的资讯；能学习知识，开阔眼界；能了解到各种各样的热点。抖音短视频的大数据技术能把他们喜欢的分类推送给他们。抖音是平凡人展示自己的平台，也带动他们跟上时代的步伐，了解更多新鲜的事物。北京高校学生有时也会拍抖音。由于网络空间更自由，他们会去做一些平时不太敢做的事情，这样能激发出不同的自己。在他们看来，抖音是一个能传播正能量、增强群体认同感和凝聚力的视频平台。

同时，北京高校学生也指出了抖音的一些缺点，主要是某些抖音短视频有让用户觉得内容低级、浪费时间、同质化的现象以及正能量少的地方。

针对上述问题，被调查者对于抖音提出了改进意见与未来发展的建议，主要包括以下方面：APP 监管方面、广告推送方面、视频内容方面、拓展受众方面以及设计与功能方面等。

综上所述，本文调查了北京高校学生使用抖音 APP 的实际情况及其评价，了解了他们对抖音的意见与建议以及抖音给他们的生活带来的影响。抖音还有很多不完善的地方，如果要改善的话，还需要很多技术和资金方面的支持。笔者特别希望抖音 APP 将来能发展得更好，深受用户喜爱。

参考文献

VICKY. 短视频 APP 的发展现状与对策分析. http://www.sblunwen.com/news/17426.html，2017 年 11 月 10 日. 2019 年 5 月 3 日访问.

张雨. 新媒体环境下的短视频发展特点——以抖音 APP 为例 [J]. 记者摇篮，2019(2):105-106.

陈曦，吴晓艳. 短视频平台的用户心理分析及其规制——以抖音为例 [J]. 传媒.2019（2 上）：86-88.

倪敏. 全民娱乐环境下抖音 APP 价值观困境 [J]. 视听界，2018(6):60-63.

张红光，毛清亮. 移动短视频时代抖音 APP 正能量传播与舆论引导研究 [J]. 新闻论坛，2018(5): 15-18.

宁梦耘. 抖音 App 的传播特色 [J]. 新媒体研究，2018(15):100-102.

指导教师：詹颂

中国大学生二手闲置物品使用情况调研

金惠辰

（首都师范大学国际文化学院 2019 届本科生　韩国）

一　引言

1.1　研究原因

在中国，大多数孩子们从出生一直到大学毕业都在父母的帮助下生活。当前，因工资增长很慢，物价却一直不断地上涨，因而学生们有限的生活费使学生们的注意力转移到了二手商品上。与此相反，有的大学生毫无节制地消费，他们的闲置物品越来越多，无法处理。还有一些大学生关注环保问题，就把注意力也转移到二手商品上。由此可见，中国大学生的二手商品交易量在逐渐增多，交易二手商品的原因和其商品类型也是多种多样的。

与此同时，无论在线下、线上都出现了二手市场，也都在日益发展。在公交车站、地铁站以及电梯间等地方，与二手 APP 相关的广告越来越多了。根据视觉中国相关调查结果表明，目前中国二手电商 APP 用户规模已经达到 1.04 亿，人均安装数量 1.17 款，主要用户年龄为 20 ～ 35 岁的年轻人。二手交易平台不仅仅在线上，线下二手市场也开始逐步增多了，甚至快要毕业的大学生们也在校园里摆摊卖二手课本或者二手生活用品等。这意味着二手商品和二手交易平台已经成为中国大学生生活中重要的一部分。因此，为了更详细地了解中国大学生的二手商品使用情况、二手商品交易情况以及使用二手商品对大学生的影响，我对这些问题进行了调查研究。

1.2　研究对象与研究方法

本文的研究对象是中国大学生。在研究方法上，采用了问卷调查的方式。问卷以电子问卷的方式进行发放，收回 50 份有效问卷，当中 37 位是女生，13 位是男生。

二　中国大学生使用二手商品基本情况分析

目前使用二手商品的人群增多，其中中国大学生也不能例外。本人对中国大学生使用二手商品的基本情况进行了调查研究，并对中国大学生购买的主要商品进行了调查研究。

2.1　中国大学生二手商品使用情况

目前在中国二手交易市场蓬勃发展的同时，使用二手商品的中国人也同样多起来了。其中，中国大学生是不可忽略的使用人群。通过调查我们了解了一下中国大学生二手商品交易的比例和对二手商品的印象以及满意度。调查分析结果如下。

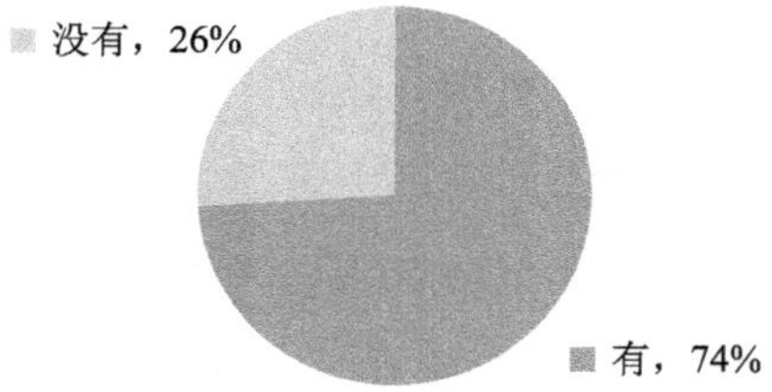

图 1　中国大学生二手商品交易经验比例

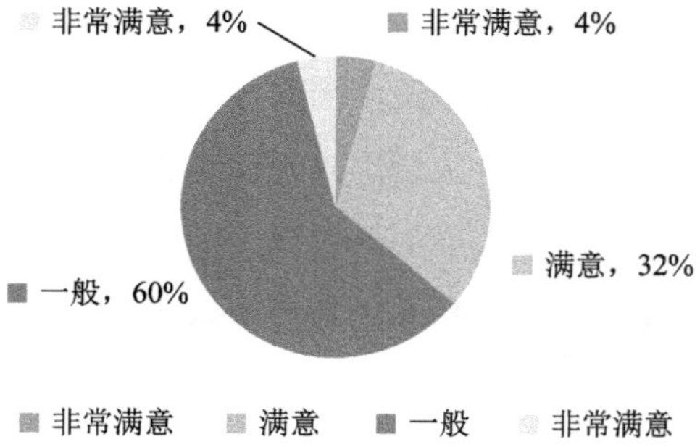

图 2　大学生对二手商品满意度

如图 1、图 2 所示，在被调查人群中有二手商品交易经验的有 37 人，占总人数的 74%；没有经验的有 13 人，占总人数的 26%。其中对二手商品非常满意的有 2 人，占总人数的 4%；满意的有 16 人，占总人数的 32%；马马虎虎的有

30 人，占总人数的 60%；非常不满意的有 2 人，占总人数的 4%。

从调查结果可以看出，超过 2/3 的大学生有二手商品交易的经历。96% 的大学生对二手商品表示一般以上的满意度，只有 2% 的大学生对二手商品不满意。这意味着目前二手商品很受大学生的欢迎。那么中国大学生认为二手商品没有坏处吗？如果有的话还能接受二手商品的坏处吗？调查结果如下。

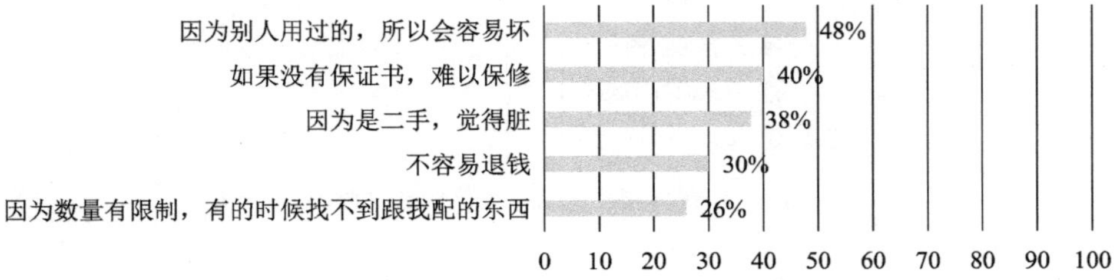

图 3　中国大学生眼中的二手商品的缺点

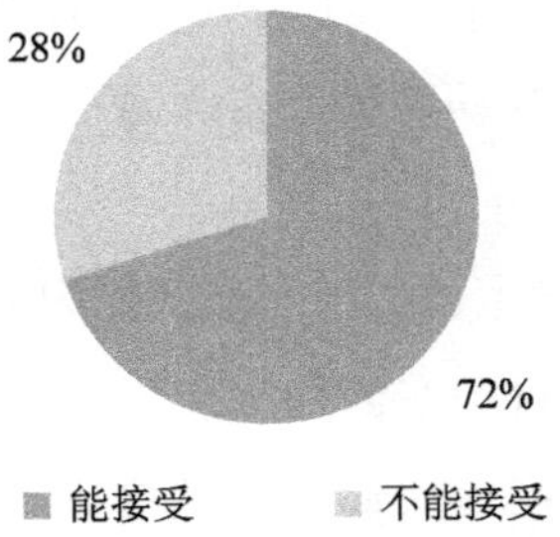

图 4　能接受二手商品坏处的大学生比例

如图 3 所示，在二手商品的坏处方面，“是别人已经用过的，会容易坏”比例为 48%；“如果没有保证书，难以保修”比例为 40%；“觉得二手会脏”比例为 38%；“不容易退钱”比例为 30%；“因数量有限而找不到想要的东西”比例为 26%。

如图 4 所示，能接受二手商品的坏处的有 36 名，占总人数的 72%；不能接受的有 14 名，占总人数的 28%。

从调查结果可以看出，中国大学生认为二手商品的最大坏处是质量上的问题，担心买了不久就坏，坏了能不能维修等跟东西质量直接相关的问题，以及清洁的问题等。但是 3/4 的大学生表示还能接受这些二手商品的坏处。虽然大学生认为的二手商品的弊端不能忽视，但是 3/4 的中国大学生为什么还能接受呢？下一节对此继续研究。

2.2 中国大学生买卖二手商品的原因

什么原因使大学生继续买卖二手商品呢？什么原因使大学生的注意力转移到了二手商品上呢？调查分析结果如下。

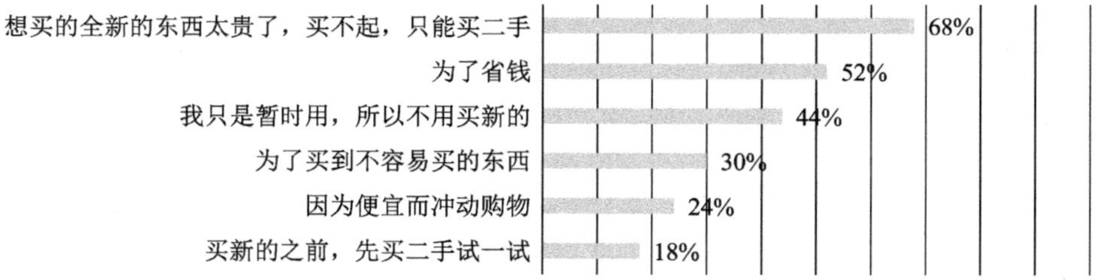

图 5　中国大学生买二手商品的最大原因

如图 5 所示，在中国大学生买二手商品的原因中占比最多的是“想买的东西太贵了，只能买二手”，占比为 68%；第二是“为了省钱”，占比为 52%；第三是“因为暂时不用买新的”，占比为 44%；后面“为了买到不容易买的东西”，占比为 30%；“因价格便宜而冲动购物”占比为 24%；“买新的之前，先买二手试一试”占比为 18%。

从上可以看出，中国大学生买二手商品的原因如下。首先，随着互联网的发展，人们能接触到的引人注目的东西的机会多了。因此对潮流很敏感的大学生想买的东西也会越来越多。但是大部分大学生自己没有经济能力，而且生活费也不够用来买自己想要的新的东西。于是，他们就选择了买二手。

然后，中国土地面积全球排名第四，除了在自己的家乡上大学的学生以外，很多中国大学生也去留学，这样就会有住宿问题。对他们来说，去别的地方开始新的生活，这意味着需要买的东西很多。实际上，买着买着可能就会付出一大笔钱，这也可以说是一个负担。而且他们在宿舍需要的东西的使用期比较短，甚至只使用几个月而已。由此原因也使大学生使用二手商品。

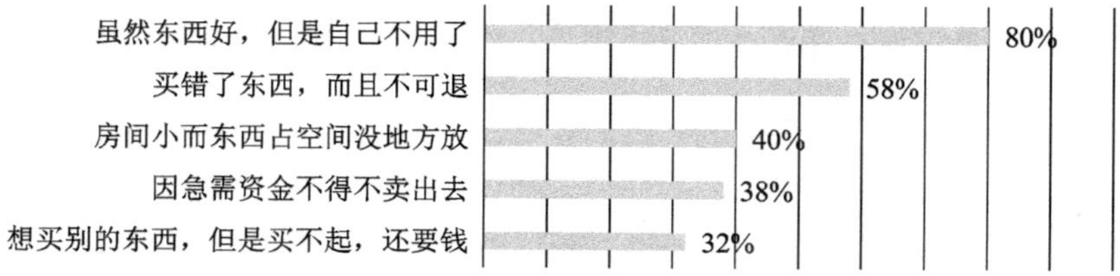

图 6　中国大学生卖二手商品的最大原因

如图 6 所示，在卖二手商品的原因中，“虽然东西好，但是自己不用了所以卖出去”的比例达到 80%；“买错的东西不可退”的比例为 58%；“房间小且东西占空间，没地方放”的比例为 40%；“急需资金”的比例为 38%；“因有想买的东西而需要钱”的比例为 32%。

从以上调查结果可以看出，中国大学生卖二手商品有以下几个原因：

首先，随着网购快速发展，信息传播很快，学生们的购物欲望越来越强，因而学生们购物次数也多起来。这样一来，偶尔会买错东西。但是有的东西因为已经使用了或已拆开不能退了，学生会选择再卖出转让给别人，而且这样的 8 成、9 成新的东西更受买家的欢迎。

其次，因为中国大学生一般住在宿舍，室友除了自己还有 5 个人，甚至有 7 个人。住宿环境不好，尤其是自己的空间不够。有的宿舍有 6 个人，但只有 4 个桌子。由此可见，中国大学生在宿舍生活空间不足的情况很严重。所以学生们不能把太多东西放在宿舍里，而且他们大学毕业以后不能把所有的东西寄回去。因此，不得不把自己不用了的东西和闲置物品处理一下。

综上所述，大学生自己的闲置物品不但不用直接扔掉反而可以再卖出去，这样有利于大学生保障在宿舍的空间使用范围，更轻松地生活。上述的几个原因让大学生接受二手商品的几个瑕疵。中国大学生使用二手商品还有利于大学生赚钱以及省钱等，能够缓解经济上的负担。

2.3 中国大学生二手商品交易种类

在我们生活中很多东西是可以再使用的，比如：相机、手机、笔记本、游戏机等电子产品；自行车、电动车等交通工具；衣服、鞋子、帽子等服饰；化妆品；教材、课本、报刊、门票、音像等；生活用品类。那么中国大学生一般会买的和不会买的二手商品是什么呢？本节对此进行了调查，调查分析结果如下。

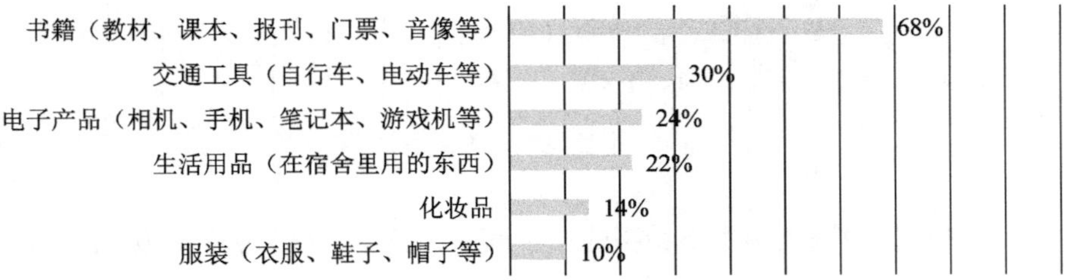

图 7　主要买的二手商品种类

从图7可知中国大学生主要买的二手商品。其中书籍类的比例为68%；交通工具的比例为30%；电子产品类的比例为24%；生活用品的比例为22%；化妆品类比例为14%；服装类的有10%。

从以上调查结果可以看出中国大学生主要买的三大商品类型：首先，他们主要买二手书籍。这是因为上大学以后要上的课程很多，课堂上需要的书也非常多。但是这样的课本或者书可能只是要参考用，因此，如果买新的话，可能会觉得浪费钱。所以他们买别人的二手书。随着人民的文化素质的提高，有些学生对音像和演唱会感兴趣，但是有的音像和演唱会门票不容易买到，只能买二手的。

其次，他们主要买的二手商品是自行车或电动车等交通工具。这是因为大部分的中国大学校园很大，教室和宿舍、教室和教室的距离也很远。因此很多大学生需要使用交通工具。在中国，自行车和电动车是老百姓的重要交通工具。在道路上，此类交通工具专用的道路和停放处等的设施也比较全面。大学里也是，甚至在每个宿舍楼下都在提供充电处和停放处。虽然设施很好，但是，这也只是在上大学的时候暂时需要的，所以他们觉得不用花很多钱买新的，就决定买二手的。

然后是电子产品。当前在我们生活中电子产品是不可缺少的。尤其对大学生来说，在上大学的时候需要用电脑写论文或写作业，或玩相机和游戏机来度过自己的休闲时间。因此，电子产品对大学生也很重要。但是很多大学生不能买新的电子产品，因为电子产品一般价格偏高，所以很多大学生的生活费不够买新的电子产品，只好选择二手商品。那么，中国大学生不愿意买的二手商品有哪些呢？调查结果如下：

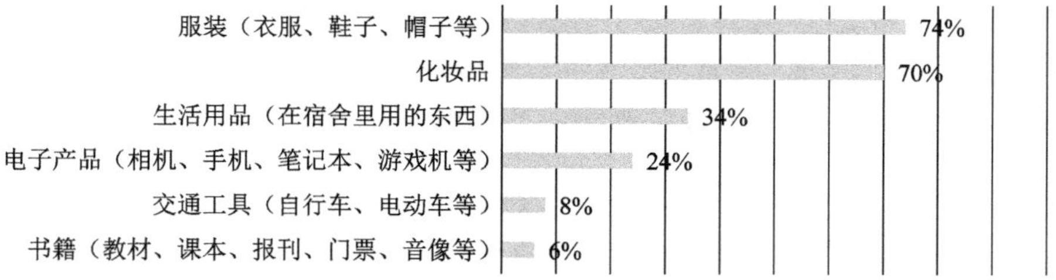

图8　不会买的二手商品种类

从图8可知中国大学生不会买的二手商品。其中，服装类的比例为74%；化妆品类比例为70%；生活用品的比例为34%；电子产品类的比例为24%；交通工具的比例 8%；书籍类的比例为 6%。

从上调查结果可以看出，中国大学生不太愿意买的二手商品类型占比最多的是服装类和化妆品类。这是因为就对潮流很敏感的年轻人而言，他们不愿意穿过时的衣服，而且随着健康意识的强化，很多人不愿意穿别人已穿过的衣服和用过的化妆品，因为他们不知道前主人怎么使用这些商品，是干净还是脏。因此，很多中国大学生不会买直接接触到身体的用品。

综上所述，中国大学生愿意买的二手商品和不愿意买的二手商品分得很清楚。中国大学生买二手商品的时候，主要买价格偏高的交通工具或电子产品和要暂时用的书籍类商品。与此相反，不愿意买的是直接接触到身体的、无法保障卫生的商品。

三　中国大学生使用的二手商品交易平台类型调查与分析

现在，网上商店和实体商店都已经成为普遍的购物平台。与此相应，随着二手市场的发展，二手商品交易线上平台和线下平台也增加了很多。本人对中国大学生关于以上两种交易平台的使用情况进行了调查研究，并分析了各个平台的利与弊。

3.1　中国大学生经常使用的二手商品交易线上平台的基本情况介绍

随着网络的发展，线上二手商品交易 APP 也增加了很多。那么最受中国大学生欢迎的软件是什么呢？选择此软件的原因是什么呢？调查结果如下。

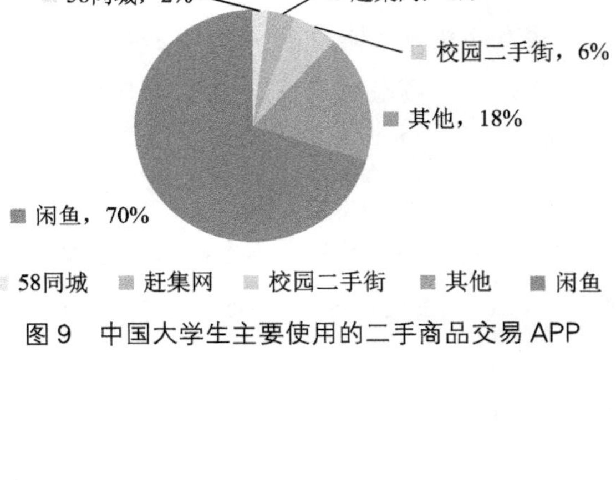

图 9　中国大学生主要使用的二手商品交易 APP

如图 9 所示，中国大学生主要使用的二手商品交易 APP 中占比例最多的是闲鱼，有 35 人使用，占总人数的 70%；使用校园二手街的有 3 人，占总人数的 6%；使用赶集网的有 2 人，占总人数的 4%；用 58 同城的有 1 人，占总人数的 2%；其他有转转、当当、淘宝、孔夫子旧书网等。

从以上调查结果可以看出，用闲鱼的人最多，达到总人数的 3/4。那么，大学生选择二手商品 APP 的时候，看重什么条件呢？调查结果如下。

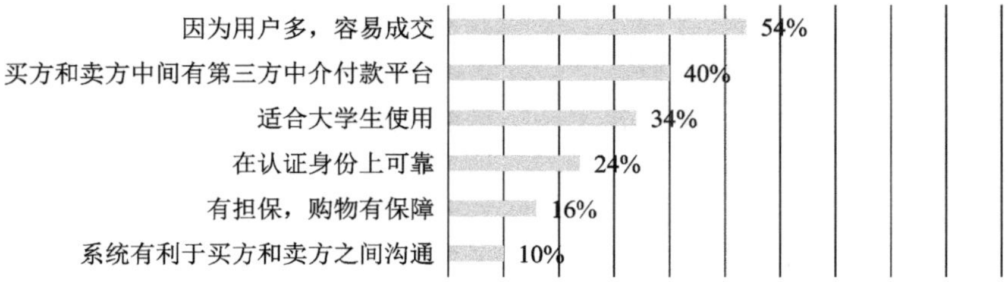

图 10　选择目前使用的二手商品交易 APP 的原因

如图 10 所示，中国大学生选择二手商品交易 APP 的原因。其中因为用户多，容易成交的比例为 54%；买家和卖家中间有第三方中介付款平台的比例为 40%；适合大学生使用的比例为 34%；在认证身份上可靠的比例为 24%；有担保的比例为 16%；系统有利于买方和卖方之间的沟通的比例为 10%。

闲鱼是淘宝旗下的二手闲置物品买卖平台，闲鱼买家和卖家通过支付宝作为中介担保交易就可以安全交易。而且在苹果公司下载软件的系统 APPSTORE 上，闲鱼总在二手软件中排名第一。用户最多，容易达成交易。因此闲鱼是一款非常受广大用户欢迎的二手商品交易平台。①

从上述可以知道，大学生也是消费者，不愿意有冒险性的消费，而愿意更有安全感的合理消费。卖方和买方之间有中介担保能赢得用户的信赖。这样一来，用户会越来越多。总之，二手商品交易 APP 为了抓住用户，以让人感到安全的方式来保持自己软件的信用。

3.2　中国大学生使用的二手商品交易平台类型调查数据分析

中国大学生使用的二手商品交易平台的类型可以分成线上平台和线下平台这

① https://www.phb123.com/app/24454.html

两个部分。那么，哪一个平台更受中国大学生的欢迎呢？调查分析结果如下。

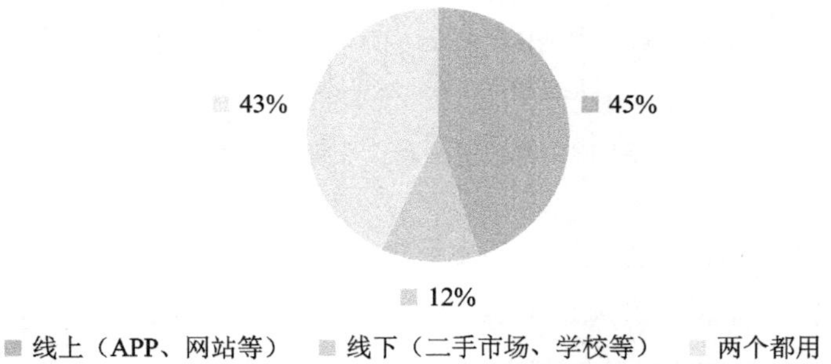

图 11　中国大学生使用的二手商品交易平台

如图表 11 所示，只使用线上平台人有 22 名，占总人数的 44%。只使用线下平台的人有 6 名，占总人数的 12%。两种平台都使用的人有 21 名，占总人数的 42%。

由此可见，线上平台更受中国大学生的欢迎。但是，有的大学生选择使用线下平台，这意味着线下平台也有线下平台所特有的特点。那么，两个平台分别有什么利弊呢？拿线上平台而言，可能比线下平台方便多一些，规模也比较大。拿线下平台而言，比线上平台更令人有安全感。为了对此有更详细的了解，下一节对各个平台类型的利和弊进行了调查研究并分析。

3.3　线下二手商品交易平台的利与弊分析

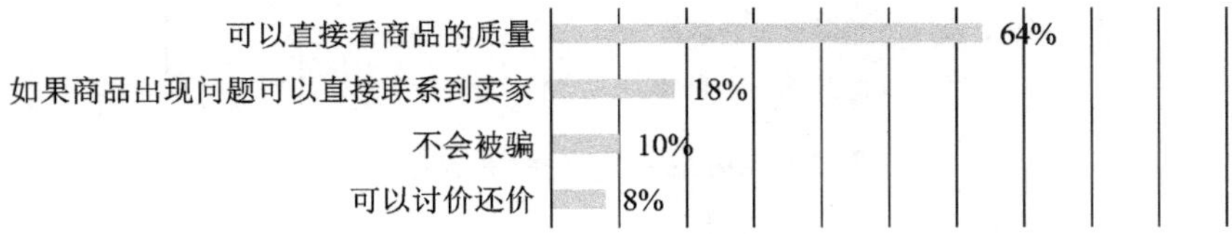

图 12　在线下买卖二手商品的好处

如图表 12 所示，线下交易平台可以直接看商品的质量的比例为 64%；如出问题可以直接联系到卖家的比例为 18%；不会被骗的比例为 10%；可以讨价还价的比例为 8%。

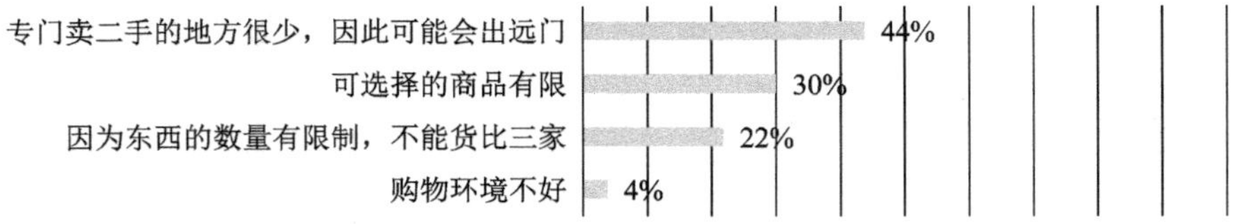

图 13　在线下买卖二手商品的弊端

如图表 13 所示，认为线下二手市场规模较少，可能会出远门的比例为 44%；可以选择的商品有限的比例为 30%；因为东西数量有限制，不能货比三家的比例为 22%；购物环境不好的比例为 4%。

综上所述，线下二手商品最大的好处是可以直接看商品的质量。从 2.1 调查结果分析可见大学生对二手商品的质量问题有一些担心。由此，有些大学生喜欢直接到旧货市场去亲眼检查以后再决定购物，这样会令人放心地购物。线下二手市场的最大坏处是要出远门，因为中国的线下二手市场或者旧货市场一般处在离市中心很远的地方，所以去线下二手市场肯定很麻烦。其次是东西数量有限而产生的弊端。线下二手市场东西不算多，所以不能货比三家。

3.4　线上二手商品交易平台的利与弊分析

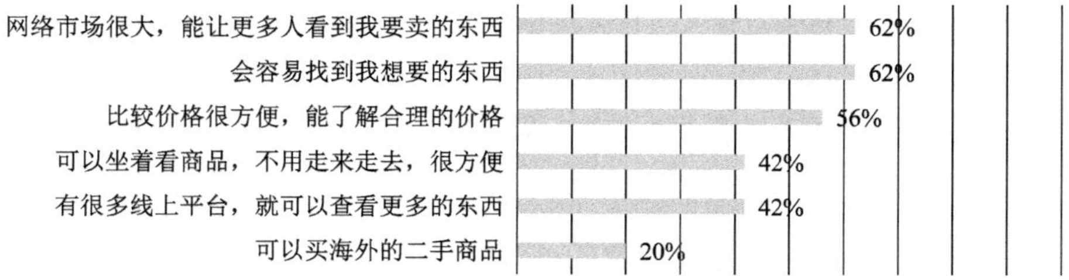

图 14　线上买卖二手商品的好处

如图表 14 所示是线上交易二手商品的好处。其中网络市场很大，能让更多人看到我要卖的东西的比例为 62%；可以容易找到我想要的东西的比例为 62%；比较价格很方便，能了解合理的价格的比例为 56%；不用出远门，很方便的比例为 42%；用很多线上平台，就可以查看更多的东西的比例为 42%；可以买海外的二手商品的比例为 20%。

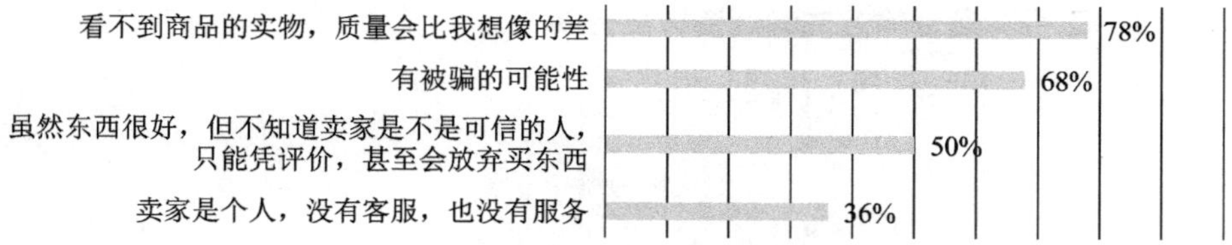

图 15　线上买卖二手商品的坏处

如图 15 所示是线上交易二手商品的坏处。其中看不到商品的实物，质量会比我想象的差的比例为 78%；有被骗的可能性的比例为 68%；不知道卖家是不是可信的，只能凭评价，因此甚至会放弃购物的比例为 50%；卖家是个人，没有客服，也没有服务的比例为 36%。

综上所述，吸引中国大学生用线上二手平台的最大原因是，线上平台的商品很丰富，给用户带来很多方便。例如，二手 APP 不仅仅有一个，而是有好多个。把自己想卖出的东西挂到各种二手 APP 上去，这样一来，可以让更多人欣赏，提高成交率。而且买方也能广泛地查看想买的东西。同时，可以更方便地货比三家。

中国大学生认为的线上二手交易平台的弊端一般存在受骗的可能性。首先，在网上买东西的话买方看不到东西的实物，收到东西之前不知道东西的质量如何。如果收到东西以后才发现有问题，卖方却没提醒就麻烦了。因此，不少大学生担心被骗，从而想买某个东西也不敢买，甚至放弃购物。

四　中国大学生二手商品交易运输方式类型调查与分析

决定了在线上平台买卖二手商品以后应该再决定运输方式。运输方式可以分成两种，一种是快递运输，另一种是上门自取。这两种方式各有好处和坏处。那么中国大学生一般选择什么运输方式呢？选择的原因是什么？调查结果如下。

4.1 二手商品运输方式的调查数据分析

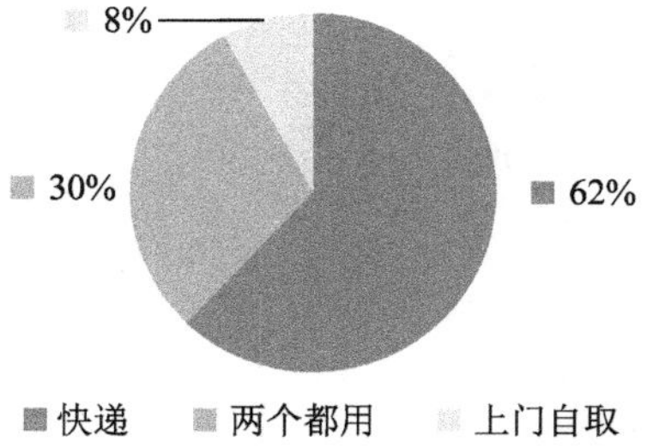

图 16　中国大学生在二手商品交易时选择的运输方式

如图 16 所示，中国大学生在二手商品交易时选择的运输方式，其中选择快递的有 31 人，占总人数的 62%；选择上门自取的有 4 人，占总人数的 8%；两种方式都选择的有 15 人，占总人数的 30%。

从以上调查结果得知，中国大学生在二手商品交易时选择快递运输的人最多。但是有些大学生两种方式都选了。那么中国大学生在什么情况下选择上门自取呢？在什么情况下选择快递呢？本人对此做了进一步的研究。

4.2 中国大学生使用的各个运输方式的选择原因

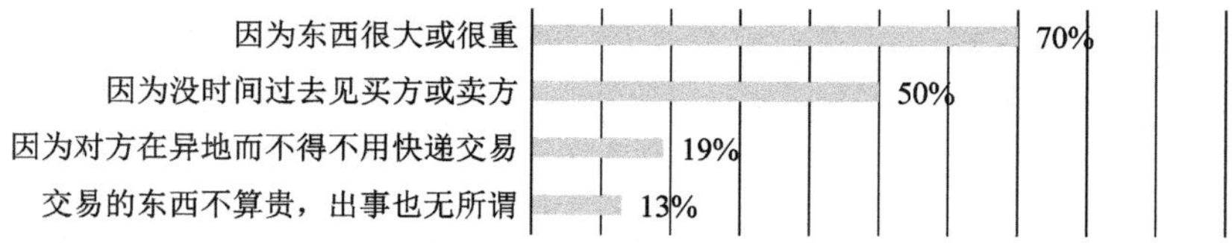

图 17　选择快递运输的原因

图 17 所示为选择快递运输的原因。其中因为东西很大或很重而选择快递的比例为 70%；因为没时间去见对方的比例为 50%；因为对方在异地而不得不用快递交易的比例 19%；交易的东西不算贵，出事也无所谓的比例为 13%。

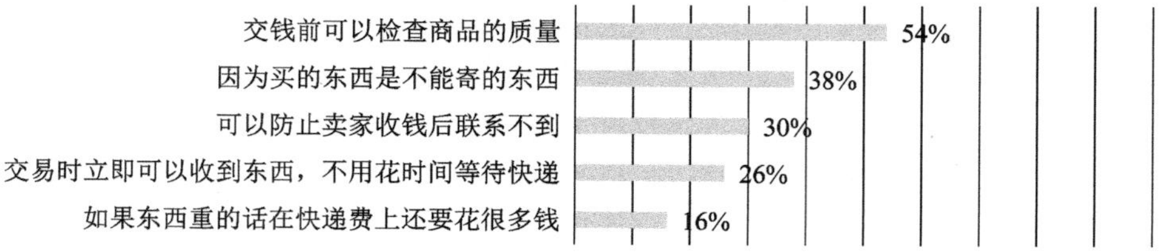

图 18　选择上门自取的原因

图 18 所示为中国大学生选择上门自取的原因。其中上门自取可以交钱前检查商品的质量的比例为 54%；因为买的东西是不能寄的东西的比例为 38%；可以防止卖家收钱后联系不到的比例为 30%；交易时立即可以收到东西，不用花时间等待快递的比例为 26%；如果东西重的话快递费用很高的比例为 16%。

综上所述，首先，快递运输的便利性是中国大学生选择快递运输的最大原因。大部分的大学生没有自己的车，所以如果交易大的或重的商品的话应该用公共交通，这样太难受，不方便搬来搬去。当今中国大学生为了学习过着繁忙的日子，要考试、考各种证书、要准备读研究生，有的学生做兼职。因此，很多学生没有时间过去跟对方面对面交易商品，而且有的情况卖方和买方各自在异地无法上门自取。总之，这些原因使大学生选择快递运输。

其次，中国大学生选择上门自取的原因有两种：一种是防止受骗，另一种是交易物的特殊性。收到快递时，发现东西有问题，卖家却联系不到的情况是常见的欺诈案件。为了避免这种情况，有的学生选择上门自取。有的东西不能寄快递的，比如，昂贵的东西、容易摔坏的玻璃类的东西或者体积很大的电动车等商品。交易这些东西的时候中国大学生选择上门自取的运输方式。

五　二手商品对中国大学生的影响

任何事物都有两面性，使用二手商品也不例外。那么二手商品对中国大学生会带来什么样的消极影响和积极影响呢？

5.1　消极影响

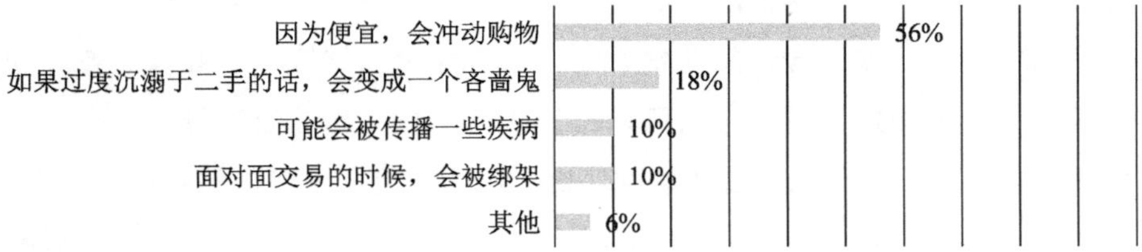

图 19　中国大学生认为的二手商品的消极影响

如图 19 所示，中国大学生认为二手商品因为便宜会冲动购物的有 28 人，占总人数的 56%；如果过度沉溺于二手的话，会变成吝啬鬼的有 9 人，占总人数的 18%；上门自取时会被绑架的有 5 人，占总人数的 10%；可能会被感染一些疾病的有 5 人，占总人数的 10%；此外，有“攀比造成透支消费”“以二手为由压很低的价格形成不好的习惯”等 3 人的其他意见。

从调查结果可以看出，中国大学生认为二手商品因为便宜，会让人冲动购物。在浏览二手商品交易平台时，无论是什么种类的东西都会偶尔发现质量又好价钱又便宜的商品。这时人们常常会感到困惑，该不该买。但是忍不住的人就交钱给商家了。为了省钱看的二手平台，不但不省钱，反而会导致冲动消费。

5.2 积极影响

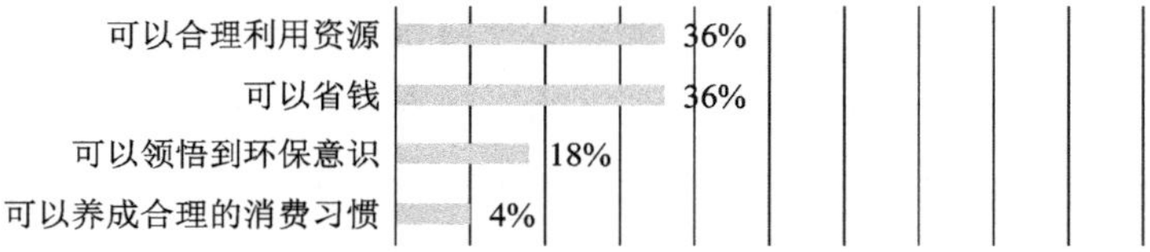

图 20 中国大学生认为的二手商品的积极影响

如图 20 所示，中国大学生认为使用二手商品可以省钱的有 18 人，占总人数的 36%；可以合理利用资源的有 18 人，占总人数的 36%；可以领悟到环保意识的有 9 人，占总人数的 18%；可以养成合理的消费习惯的有 5 人，占总人数的 10%。

从调查结果可以看出，中国大学生眼中的二手商品的积极影响有“合理利用资源”和“省钱”这两大部分。使用二手闲置物品还有利于省钱。生活费、娱乐费、饭费、考证书费等中国大学生要付出的钱很多。在这样的情况下，使用二手商品的行为是非常合理的消费习惯。一方面可以省钱，对难以做兼职的学生来说省钱就是赚钱，另一方面可以做到环境保护，当前处理垃圾是全世界要解决的永远难题。中国也正在注意到环保，但实际上，中国环保实施还不完善。所以中国大学生选择从使用二手起做环保，这成就了大学生使用二手闲置品创造的绿色环境。

六　结论

综上所述，购买二手商品已经成为中国大学生普遍的购物习惯。他们买的主要是要暂时使用的书籍和价格较高的交通工具等商品。与此相反，他们因为无法保障卫生不太愿意买化妆品或衣服等直接接触到身体的物品。

无论在线上交易还是在线下交易，中国大学生在交易二手商品的时候，最看重的是对支付和商品质量的保障。因此，不能在线下直接买二手商品时，他们使用买方和卖方之间有中介付款平台的，而且用户多的线上二手商品交易软件。

从本调查结果发现，在中国大学生眼中，二手商品不只是脏的，不吉利的。从小的角度来看，中国大学生通过买卖二手闲置物品可以更有效地支配自己的生活费以及娱乐费。从大的角度看，使用二手物品，对环境保护有很大帮助。同时，很多二手商品交易 APP 的出现，帮助中国大学生更容易地接触到二手商品，使二手市场活跃起来。如果中国大学生慎思之后再交易的话，二手商品不会给中国大学带来不利影响。

参考文献

camel，二手交易 APP 哪个好？十大二手交易 APP，https://www.phb123.com/app/24454.html 2018-05-18.

https://www.lianxianjia.com/ecnr/211428.html

指导教师：陶伟举

中柬城市年轻女性就业现状调查分析
——以部分北京和金边女性为例

许明珠
（首都师范大学国际文化学院2018届本科生　柬埔寨）

一　引言

1.1　研究背景

随着全球经济的发展，社会对人才的需求也随之增多。在现代社会的职场上，不仅需要男性的参与，女性的参与也必不可少。众所周知，在古代历史上，很多国家的女性一直担任家庭主妇、照顾孩子和家庭的角色，并不被允许参与职场上的工作，但随着社会的变化，人们的观念也开始慢慢有所改变。而女性也在追求自我价值的体现，因此女性就业一直是社会极其关注的问题之一。近十几年来，很多国家政府为了鼓励女性就业，不断采取各种办法，为女性争取利益，而且做出了巨大的努力，比如男女拥有同等的就业权利、颁布众多保护女性就业权利的法规、为女性提供带薪产假等福利。目前，女性在职场上的参与度日渐增长，据一份报告显示，在2017年，全球妇女劳动参与率达到了49.4%。但值得关注的是，与男性劳动参与率相比，女性劳动的参与率依然远远低于男性。此外，据数据显示，全球女性的失业率一直高于男性，由此可见，虽然每年女性的劳动参与率保持着上升趋势，但占据职场上重要职位的多为男性，男女就业比率严重失衡。

1.2　选题目的与价值

女性一向被人们视为弱势群体，在身体素质和领导能力方面不如男性，种种因素使女性在职场上不占优势。虽然很多国家推崇男女平等，但是依据目前社会现象的很多方面来看，我们可以看到迄今依然存在性别歧视的现象，比如男女劳动参与比例的不平衡、职业结构不合理以及收入不平等等方面的问题。正因如此，本文打算对中国和柬埔寨女性就业状况进行调查和对比，希望通过这次调查可以深入了解两国女性的就业现状与差异，了解她们在就业方面的观念和态度以及她们在职场上所面临的困难，并找出中国和柬埔寨女性在职场上所存在的一些问题。

1.3 研究方法

为了完成这次调查，我于2018年10月1号对中国和柬埔寨两国在职女性做了一项有关“中柬年轻女性就业现状”的调查，调查采取访谈和问卷形式对部分中柬女性进行深度访谈。同时，将调查问卷向两国女性各发放了40份，分别回收了30份，均为有效问卷。本项调查对中国和柬埔寨两国就业女性采取同样的问题，问卷中共有19个问题。问卷内容涉及到女性劳动者目前就业的相关基础问题、就业意向、就业的考虑因素以及所面临的问题等内容。

二 中柬年轻女性就业现状特点

2.1 就业年轻女性的基本特征

本人对中柬年轻女性发放了《中柬年轻女性就业的现状调查》问卷，此调查基本信息如下。

柬埔寨的就业女性大部分都集中在18岁到25岁的年龄段之间，占总人数的比例已达到了83.33%，而26岁到35岁仅占16.67%，其中，未婚者占总人数的比例为86.67%。此外，在30位被调查者中，她们的最高学历最多为本科，占总数的比例已超过了一半，为60%；其次是高中，占33.33%；初中仅占6.67%；硕士研究生以及博士研究生的百分比为0。值得一提的是，此结果恰好与一份柬埔寨劳动力统计报告相符合，该统计表明，柬埔寨超过一半的劳动力人口都集中在30岁以下，可见，柬埔寨劳动力人口较为年轻化。

中国的就业女性主要以26岁到35岁之间居多，占总人数的53.33%；其次是18岁至25岁这个年龄段，占的比例为33.33%；35岁以上的就业女性有4个人，占13.33%，其中，有16名未婚、14名已婚。在教育背景方面的调查结果显示，多数中国就业女性都接受过高等教育。其中，有20名就业女性的最高学历依次分别为专科、本科、硕士研究生、博士研究生，占总人数66.67%。剩余的女性都接受过中等教育，分别为初中和高中，占比33.33%。

综上所述，我们可以看到由于中国公司对员工的学历要求较高，有超过一半的中国女性表示大多数工作单位对学历的最低标准是专科或本科，使中国女性在学业上更追求较高的学历，所以中国就业女性所接受的教育水平比柬埔寨就业女性高，也因为这个原因中国的就业女性的年龄大多比柬埔寨的就业女性大。

2.2 职业结构的情况

经过对柬埔寨职业女性进行调查，所得出的结果显示，在所有在职女性中，在公司上班的白领所占比例最高，约 63.33%；从事教学工作的占 20%，排名第二；从事服务行业工作的比例极低，仅为 3.33%；在政府机关工作的人数为 0。从这个结果不难看出，女性劳动者在一些行业的参与度很高，尤其是企业单位。据一份报告得知，目前很多在柬公司或企业在招聘人员时大多偏向于女性。若是在一些报纸或者招聘网站上查看，可以发现某些公司或企业在招聘信息中会强调“女性优先考虑”。因此，在柬公司或企业，女性职员非常“吃香”。究其原因，因为女性比较敏感，在面对和处理事情时，女性一般比男性更加细心和周到。

针对职位的分配情况，除了调查柬埔寨就业女性之外，还对中国就业女性进行了调查。通过调查发现，在 30 名被调查者中，有 30% 的人在公司或企业上班；而从事教育领域工作的人有 20%；从事设计行业和服务行业的各占 10%；参与政府机关工作的人仅有 3.33%；剩余的人都表示没有固定的工作。据另外一项调查显示，因收入较低且工作压力较大的原因，有 76.67% 的中国就业女性都表示对自己目前的工作不满意。很多中国就业女性表示倘若给予她们选择的机会，她们希望从事教育方面的工作，其原因是这个行业的工作和收入均较为稳定。

根据上面数据结果可以看到，中柬两国就业女性在职业结构方面的不同。中国就业女性在公司和企业的参与度没有柬埔寨女性多，差距大约在一倍左右。但有一点值得我们去关注，在中柬两国，进入高层管理岗位或者政府机关部门工作的女性却同样少之又少，甚至几乎没有。由此可见，女性在管理方面的能力在当今社会上仍然不被认可。

2.3 已婚女性与丈夫收入的比重

针对职业女性与其丈夫的家庭收入比重，我对中国和柬埔寨已婚就业女性做了一项有关调查，调查结果得出，在所有被调查的柬埔寨已婚女性中，她们的收入占家庭收入的比重都在于40%到50%之间，占总人数的100%。与柬埔寨已婚就业女性相比，在14名已婚的中国就业女性中，有6名表示她们的收入占家庭比重是20%至30%，占总人数的42.86%，排名第一；收入比重占40%到50%排名第二，所占比例为28.57%；收入占家庭比重在60%以上的女性有4名，为28.57%。由此可见，在柬埔寨，就业女性在工作收入方面与丈夫相差不大，女性和男性的收入情况较为平等，而中国就业女性在收入方面的情况恰好与柬埔寨相反，中国女性的收入一般比男性相对低一些。造成大部分中国已婚女性收入低于丈夫是因职业结构的问题，上述有提到进入高层管理阶层的女性不多，对于有家庭责任在身的已婚女性要担任高职位并非一件容易的事情，而高职位才能够给人们带来更加丰厚的收入。通过访谈了解到两国几位已婚就业女士表示，夫妻收入的差距并没有影响到女性在家庭中的地位，原因是女性需要肩负着生育子女的重任，不能像男性那样专心投入到工作上，妻子收入比丈夫低是在所难免的。

2.4 中柬年轻女性对职场性别歧视问题的看法

自古以来，男性一直扮演家庭支柱和主导地位的角色，而女性被迫仅负责管理家庭内部的一些工作，男性和女性无论是家庭地位还是社会地位都不平等，亚洲地区国家尤其明显。虽然现在很多国家都在提倡男女平等，但性别歧视仍然是热门话题之一。因此，为了了解柬埔寨和中国职场性别歧视的现象是否存在，其问题是否严重，我做了一项关于年轻就业女性们对职场性别歧视问题的调查，下面是调查得出的结果。

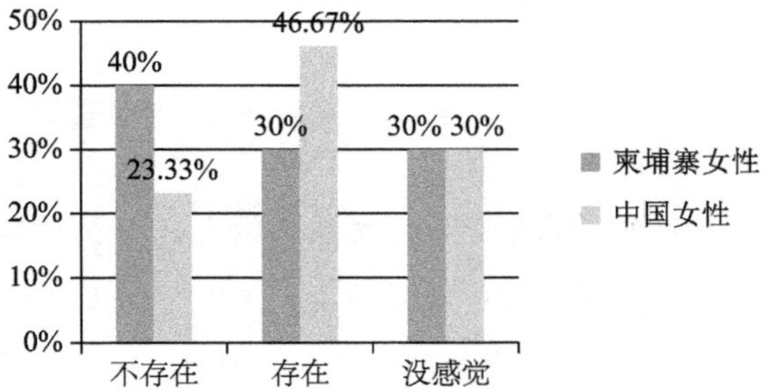

图1　柬埔寨和中国年轻就业女性对职场性别歧视的看法

从图 1 我们可以看到，在柬埔寨职场，性别歧视现象并不明显。对性别歧视的看法，有 12 位认为不存在这个问题，占比 40%。其次，选择存在和没感觉的人各占总人数的 30%。由此可见，在柬埔寨，职场性别歧视的问题不太严重。与柬埔寨的情况相比，中国就业女性大多数认为中国职场存在性别歧视，约有 14 名选择存在这个选项，占 46.67%；选择不存在的人仅有 7 名，占的比例为 23.33%。选择没感觉的人与柬埔寨的情况一致，约有 30%。

为了更深入地了解这个方面的情况，本文还对中柬就业女性进行了关于性别歧视表现的调查，下列是调查结果。

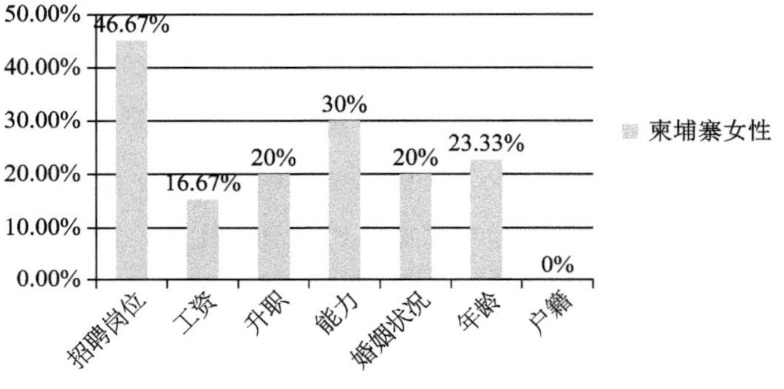

图 2　柬埔寨就业女性对性别歧视表现方面的看法

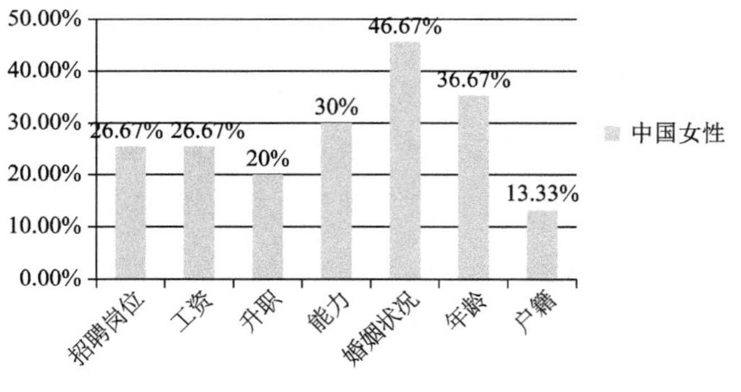

图 3　中国就业女性对性别歧视表现方面的看法

从图 2 我们可以看到，柬埔寨就业女性认为工作单位在能力和职位分配上对女性存在歧视。在被调查的 30 名职业女性中，有 14 名选择招聘岗位，占 46.67%。与此同时，在 30 名职业女性中有 9 名认为在能力方面存在性别歧视，占总人数的 30%，排名第二；名列第三的是年龄，为 23.33%；选择婚姻状况和升职的人同样各占 20%；在工资方面遭遇歧视的现象并不太明显，仅有 5 名选择此选项，为 16.67%。

从图 3 我们可以看出，中国的情况和柬埔寨有较大的差异。大多数女性普遍认为在女性的婚姻状况和年龄上存在性别歧视，占 30 名职业女性被调查者的 46.67% 和 36.67%；在能力方面，中国的情况与柬埔寨相同，有 9 名女性选择此选项，占比 30%，排名第三；在招聘岗位和工资上同样存在较大的歧视，都占总人数的 26.67%；选择升职和户籍的依次分别占 20% 和 13.33%。

由此可得出，在柬埔寨，虽然工作机会较多，但是很多工作单位在一些岗位招聘方面仍限制女性的参与，特别是须具备较强领导能力的职位，社会对女性的能力还持着怀疑态度，普遍认为女性的能力在一些方面还无法超越男性。之所以得出这样结果，原因是：

首先，柬埔寨是一个拥有自己传统文化的国家，传统文化一直延续到今天，因此，很多柬埔寨人在一些生活习惯上仍较为保守，思想观念滞后。目前，在很多人的思想里，依然认为男性扮演着家庭主导者，而女性应该依附于丈夫，可以处理一些杂事，但却不是家庭里拥有决定权的人。由于人们的潜意识里对女性的身份已经定型，因而女性在社会任职的岗位和晋升也受到了影响。

其次，柬埔寨发生过内乱（1975 年—1979 年），导致国内的经济起步较晚，发展较为缓慢。战争结束以后，由于整个国家受到重创，使教育系统在近几十年内无法全面的发展。在人们思想观念较为传统，尤其是在资源匮乏的情况下，使女性无法接受高等教育，甚至不被父母允许去学校读书。迄今，在很多人心里一直保留着女性无须读太多书这个想法，尤其是在柬埔寨的一些小城市以及偏远落后的地区。女性学历比男性低，这往往限制了女性在职场上的发展，也造成了女性在能力方面受到质疑。

从图 2 和图 3 中我们可以看到，针对性别歧视的问题，中国就业女性与柬埔寨就业女性有不同的看法。中国就业女性认为性别歧视表现最为明显的地方在于婚姻和年龄上。造成这样的结果，其原因是：

第一，同样是传统观念导致。上述所提到女性一直以来扮演的是家庭主妇，需要照顾家庭和丈夫，因此，在人们的观念里女性的家庭观念往往比男性重。很多单位担心女职员已经到谈婚论嫁的年龄或者已经结婚，尤其是有孩子后，重心会偏向于家庭。值得一提的是，女性家庭观较重这种现象普遍发生在亚洲国家，虽然柬埔寨的情况与中国相差无几，但由于在柬埔寨人们更为习惯与父母同住，在父母的帮助下，柬埔寨女性的重心和精力并不需要完全投放在家庭上。因此，柬埔寨女性在年龄和婚姻上遇到的职场性别歧视问题没有中国明显。

第二，中国为了鼓励女性就业，国家出台了法律法规来保障女性的权利，比如结婚假期、生育产假、哺乳期假期等。虽然国家给予在生理素质方面本不如男性的女性们一个法定的保护，但在获得权益保障的同时，带薪休假这个措施却也同样给女性们带来了一些负面的影响。很多工作单位为了寻求企业利益，在招聘时往往会重视就业女性们的年龄与婚姻状况，原因是他们不希望女职员在其公司短时间内就申请带薪休假，这样有损于公司的利益。因此在中国有的工作单位为减少成本提高效益，从而不愿意招聘女性员工。

三　中柬年轻女性就业观现状分析

3.1　选择就业行业的原因

如今随着新行业不断的出现，给予了女性更多选择的机会。为了了解就业女性对工作选择上的考虑因素以及她们的工作观念，本文对中国女性做了一些相关的调查。调查结果显示，在30名中国就业女性中，有一半的人表示她们目前的工作都与她们所学的专业有关系，而有8名表示与她们所学的专业关系不大，还有7名表示她们现在的工作与专业无关。那么，这30名就业女性选择现在这份工作的原因是什么？为了进一步地了解，我也做了一项有关调查，下面是调查得出来的结果。

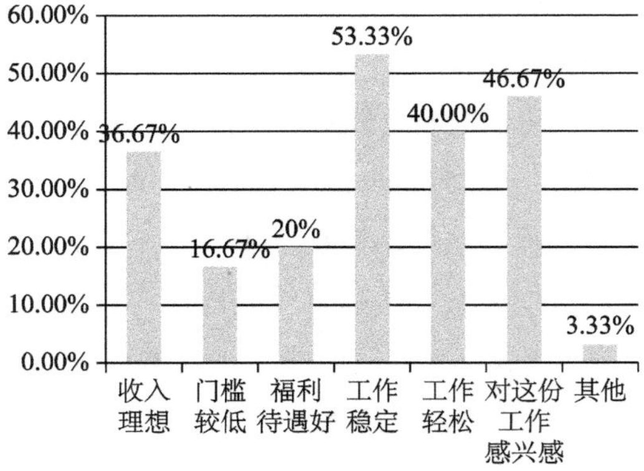

图4　中国就业女性选择目前工作的原因

从上图我们可以看到，在 30 名女性中，有超过一半的人选择工作稳定，占的比例已达到 53.33%；其次，有 14 名表示选择现在工作的原因是因为对这份工作感兴趣，排名第二，为 46.67%。工作轻松和收入理想各有 40% 和 36.67%，排列第三和第四。剩余的福利待遇好、门槛较低以及其他的选项占总人数分别为 20%、16.67% 和 3.33%。从以上数据可看出，中国就业女性选择就业岗位时，偏向于工作本质上的稳定性、轻松程度以及按照自己的爱好来做出选择。之所以得出这样的结果，原因是女性的身份不仅是社会的劳动者，还是家庭的管理者。除了工作以外，很多女性还需要照顾自己的家庭，找份稳定和轻松的工作可以让女性们能够多一些时间和精力安心地去顾着两边的事情，做到面面俱到。此外，在中国可以看到绝大部分孩子长大后或者成家后都不跟父母住在一起，甚至远离家乡到别的城市工作生活。在没有父母的照顾下，很多中国女性们须把照顾家庭的责任揽到自己身上。因此，选择一份稍微稳定和轻松的工作可以减轻她们的一些压力。

为了了解就业女性对目前的工作持着什么样的想法和观念，我也对柬埔寨就业女性做了一些相关的调查，发现在 30 名的被调查者中，绝大部分女性都表示目前她们所做的工作都与她们所学的专业无关或者关系不大，人数达到了 22 名，占总人数的 73.33%。她们选择目前这份工作的原因有以下几个因素：

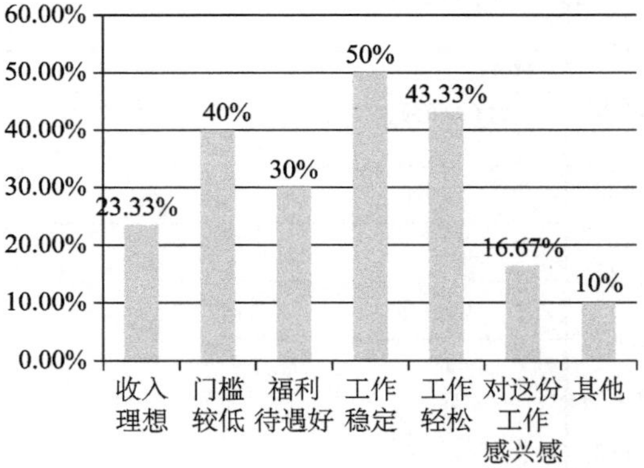

图 5　柬埔寨就业女性选择目前工作的原因

上图显示，柬埔寨就业女性在工作选择上原因不尽相同。其中，在 30 名女性中，有一半的人最看重的是工作的稳定性，排列第一；工作轻松也是众多女性较为重视的因素，占总人数的 43%，排名第二；30 名女性中选择门槛较低和福利待遇好，所占的比例分别为40%、30%。选择收入理想、感兴趣和其他选项的人不多，分别为23.33%、16.67%和10%。因此，我们可以看到柬埔寨就业女性选择工作时所考虑的因素与中国就业女性的想法相似，比较偏向于稳定、压力小、应聘时较为容易被录用的工作。之所以得出这样的结果，是因为有以下几个原因。

第一，女性要照顾家庭和孩子。在柬埔寨，虽然人们的观念在慢慢地开放，但很多人依然认为女性在生活细节上比男性细心，是管理家庭内部事物的最佳人选。一个幸福的家庭离不开女性的参与，因此，很多女性普遍选择稳定和较为轻松的工作是为了能够有更多的时间去照顾自己的孩子和家庭。

第二，随着经济不断的进步，人们发现现在的就业情况变得越来越严峻。一些较好的公司、理想的工作往往门槛较高，竞争也非常激烈，这使很多人很难找到工作。因此，很多女性在找工作时会选择录用门槛较低的工作，以能够更快地获得一份工作，有一个稳定下来的收入来支撑生活的开支。

3.2 选择工作单位时所考虑的因素

工作单位的好坏对劳动者来说极其重要，为了确保自己能够获得最大化的利益，很多人会在应聘前考虑所要应聘单位的工作条件和工作环境等因素。为了了解中国就业女性在选择工作单位时所考虑到的因素有哪些，我做了一项有关的调查，下列是调查出来所得到的结果。

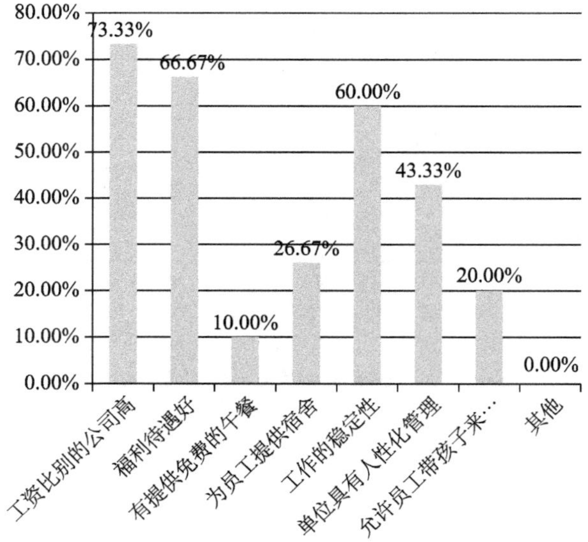

图 6　中国年轻女性选择工作单位的考虑因素

从图 6 可以看到，中国就业女性所考虑的因素很多。其中，在 30 名被调查者中，选择工资比别的公司高和福利待遇好的人同样都超过一半的人数，占总人数分别为 73.33%、66.67%，排名在第一和第二名。选择工作的稳定性的人也很多，在 30 名中，有 18 名选择，占 60%。重视单位是否有人性化管理的人同样多，占 43.33%。有 8 名选择单位为员工提供宿舍，占总人数的 26.67%；而选择单位提供免费的午餐的人仅有 3 名，仅占 10%。

在 30 名被调查者中，有 70% 的人表示在她们就业的过程中遇到待遇不好的问题。因此，大多数中国职业女性在选择工作单位时对个人利益、收入和待遇是否理想极为重视，原因是：第一，人们需要支付多方面的开支。众所周知，中国的生活开支非常高。人们每个月的日常开支项目很多，如生活用品上的开销、孩子教育方面的相关费用和房贷等。由于这些方面的开支需要有一定数额的收入才可以支撑起来，因此，许多就业女性需要考虑工作的报酬和待遇是否合理。

第二，就业女性们需要得到认可。工资的高低和福利待遇的好坏是一种认可，一个工作单位若是能够给予人们一个良好的工作条件和环境，那么证明该公司拥有一个强大的背景和企业管理文化，有利于员工未来的发展。此外，给员工提供高薪报酬也说明该公司认可了该员工的工作能力，因为没有哪一家公司会无缘无故给能力一般的应聘者提供高薪报酬。

在应聘时，人们不仅需要考虑工作本身的问题，而且还对工作单位有一些要求。为了深入地了解柬埔寨职业女性的就业观，了解她们在应聘时对工作单位有哪些要求，我同样做了一项调查，下面是调查所得出的结果。

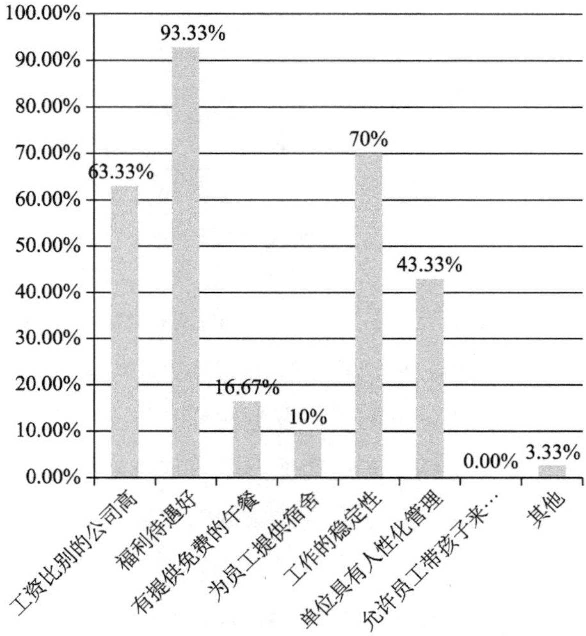

图 7　柬埔寨年轻女性选择工作单位的考虑因素

从图 7 我们可以看到，在 30 位职业女性中，绝大部分选择的是福利待遇好，占比为 93.33%。工作的稳定性和工资比别的公司高的选项所占的比例也很高，占总人数的比例分别 70% 和 63.33%，排列第二和第三。有 43.33% 的人选择单位具有人性化管理，排名第四。剩余的选项所占的比例不大。从以上的数据可以看出，柬埔寨就业女性在考虑单位方面大多重视工资和福利待遇是否理想，还有在其单位上班是否稳定。而造成这样结果的原因与中国的情况差不多。虽然柬埔寨的物价没有中国高，但是随着柬埔寨开始步入经济快速发展阶段，柬埔寨的物价也在逐步增高，货币在贬值，而每年的工资增长幅度却不大。对于工薪阶层人士而言，若是工资不高或者待遇不好，那么就会难以维持生活。

3.3 工作与家庭的侧重

自古以来，女性要背负着照顾家庭的责任，这个传统在很多国家也一直沿袭至今。但随着社会的改变，当女性开始步入社会工作时，在家庭和工作中的两个角色可能会发生一些冲突。为了了解中国就业女性在家庭和工作之间会如何选择，我们对中国就业女性进行了一项调查，调查结果如下。

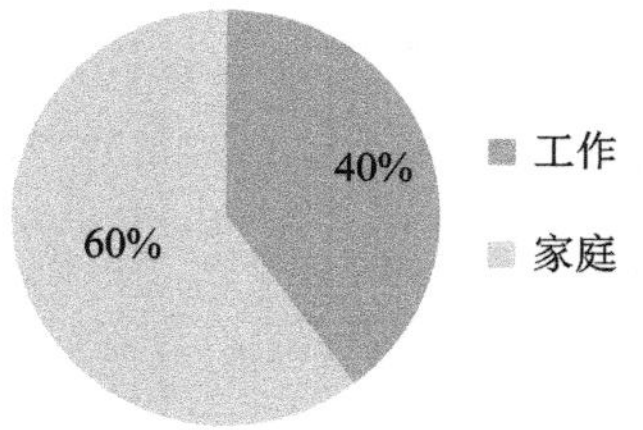

图 8　中国年轻女性对工作和家庭的选择

图 8 显示，在家庭和工作的抉择中，有超过一半的就业女性选择家庭，占总人数的 60%，而选择工作的人约有 40%。为了进一步地了解，我还做了一项调查，是关于家庭和工作发生冲突时将会采用的解决办法，绝大部分的就业女性表示她们会为了家庭而放弃了工作或者想办法寻找一份更为轻松的工作。由此可看出，中国就业女性的家庭观非常重。之所以造成这样结果，原因有以下几个方面。

首先，很多女性从小就被灌输以家庭为重的观念，久而久之，女性们在无形中养成了这样的想法，把生儿育女、相夫教子当作自己的职责。尽管时代在不断地前进，但是这种传统观念在亚洲地区的很多国家依然没有消失。

其次，女性的身体素质本来就比男性差，在体力和精力方面不如男性强和充沛，因而导致很多人认为男性更适合在事业上拼搏，是家庭经济的支柱。而女性的事业仅为辅助，不如利用自己的优势去管理好家庭内部的事情，让生活变得更加美好。这个想法已经深入人心，很多女性也习惯了这种生活模式。

为了更加深入地了解这个问题，除了对中国就业女性进行调查以外，我也对柬埔寨就业女性做了相关的调查，下面是通过调查所得出的结果。

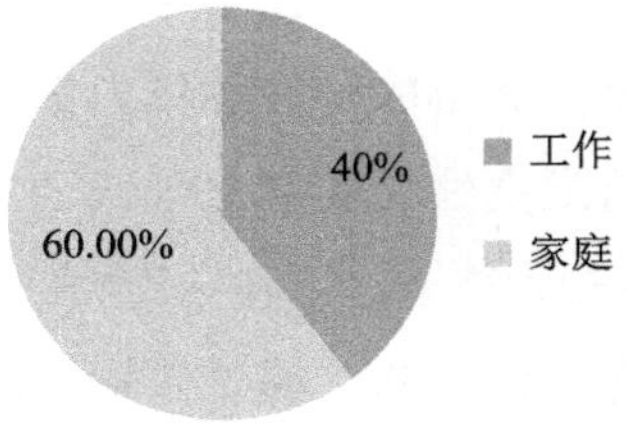

图 9　柬埔寨年轻女性对工作和家庭的选择

从图 9 我们可以看到，柬埔寨女性的家庭观依然较强。据数据显示，虽然选择工作的职业女性很多，约有 40%，但不可否认的是重视家庭的人更多，选择家庭的职业女性已达到了 60%，可见，无论是以前还是现在，女性们仍然更加重视家庭。有 80% 的被调查女性表示倘若家庭和工作发生了冲突，她们将会放弃工作或者换份轻松的工作，以能够有更多的时间照顾家庭。之所以得出这样的结果，原因是女性受到了传统文化思想的影响。目前，仍有很多柬埔寨人固守着“男主外，女主内”的思维观念，认为管理好家庭内部及照顾好丈夫和孩子才是身为女性的最重要职责。在父母和身边人的影响下，许多女性已经把这件事当作一种理所当然的事情，且这种传统思想无法在短期内改变。

四　影响女性就业的因素

4.1　受教育水平对女性就业的影响

教育反映了一个国家的发展水平。从国家的角度看，教育水平的高低是预测整个国家未来发展趋势的基础，对于国家的发展起着举足轻重的作用。从个人的角度看，受教育程度高有助于就业和个人未来发展。然而，学历高虽不能完全证明一个人的能力，但不得不承认学历高的人在择业上起点比大多数人高，拥有较强的竞争力。学历的高低已成为现代社会用来衡量一个人的能力的一个基本标准。

随着社会不断的发展，很多领域对学历的要求越来越苛刻。在社会竞争日益激烈的情况下，出现了“读研热”“考博热”等新的现象。许多年轻人通过学习多种技术、考研、读博等途径来提高自己的竞争力，希望在激烈的竞争中脱颖而出。目前，虽然很多女性也一直在努力提升自己教育水平的层次，但女性自身的身体特征是女性永远跨不过的坎。在柬埔寨，很多女性因结婚生子、照顾家庭而无法像男性一样能够把大量的时间和精力都投入到学业上，中国或多或少也存在这个问题，这是造成女性受教育水平低于男性的一个重要原因。除此之外，女性可以选择的专业较为单一，“工科男”“文学女”一直是校园流行词汇，从字面上表明了校园男女专业的分布。通过采访中国女性，了解到大部分中国女性就读的专业都集中在教育、设计、经济、商业、传媒、服务等相关的专业，而选择管理、科学技术等专业的人较少。女性对工作的选择还局限于那些被认为符合女性的职业之中。总之，面对社会就业压力及体力弱势的情况下，若是受教育程度低于男性或者参与的领域不够开放，那么，女性在职场上将受到严重的冲击，这不利于女性就业的发展。

4.2 经济增长对女性就业的影响

从宏观来看，经济的发展有利于增加国家的就业岗位，给人们提供更多的就业机会。很多国家一般使用 GDP 的增长幅度来衡量国家经济发展的状况。从定义上来讲，GDP 的增长意味着国内的生产总值在增加。那么，要生产出这些最终的产品需要投入大量的资本和劳动力来完成，当劳动力的需求增多，意味着国家的就业率也将随之增多。

中国和柬埔寨每年 GDP 的增速持续在 6% 至 7% 左右，促进了女性就业。据《高棉日报》近期报告显示，2018 年柬埔寨国人的就业率高达 99.3%，就业岗位近 1000 万个。其中，企业公司提供 80 万个女性就业岗位，同比增长 21.11%。然而，从另一个角度看，经济的发展会带动整个国家往更高的层次发展，其中包括科学技术的进步、生产技术和生产效率的提高，如目前经济发展状况良好的中国，从以前的劳动密集型产业开始发展到技术密集型。随着经济的发展，公司或企业对员工的技术和学历要求也随之提高，很多单位在招聘人才时会跟随着社会的发展而提高录用标准，这也是导致一些经济发展到一定程度的国家出现了就业困难的现象。现在的就业状况不是因岗位少的缘故，而是岗位的入职门槛过高。若是经济发展过于迅速将不利于女性在职场上的竞争。

4.3 政策对女性就业的影响

人力资源对国家未来的发展极其重要。在中国，国家为了培养出更多的人才，政府实行了扩招政策，以确保越来越多的人能够受到高等教育。但正因受高等教育的人越来越多，竞争变得越发激烈，使目前很多人面临就业困难的问题，特别是一些比较热门的行业，如与商业相关的金融、会计等行业。高校扩招政策会使这些热门行业严重出现劳动力供大于求的问题。总而言之，扩招政策一方面可以有效地提高国民的文化素质，提升工作能力和水平，但另一方面也给人们带来了巨大的就业压力，女性首当其冲。

此外，本文也提到中国政府制定了一些与女性就业利益保障相关的政策。柬埔寨近几年也开始实行一些女性保护政策，如产假、哺乳假期等，但是由于发展较晚，还不够完善。这些保护政策给女性带来了积极和消极两方面的影响。积极方面是提高女性的参与度和就业率。由于女性得到了国家的支持和保护，很多女性可以放心地参与社会生产活动，在就业过程中能够获得与男性平等的就业保障。消极方面是这些保护政策反而会阻碍女性就业。一些工作单位在招聘时，基于公司利益考虑会将同水平的女性应聘者放在次要选择的位置上，而首选男性应聘者，导致女性在职场上受到歧视和排斥。

柬埔寨政府为了解决国内女性多余劳动力的问题，政府通过税收减免的优惠政策来吸引大量外资到柬投资，为女性提供了大量的就业岗位。据一份报告显示，2018 年，柬埔寨国家经济年均增长率为 7%，带动了国内就业的发展，为女性提供了 80 多万个就业岗位。

五 结论

女性就业问题一直深受很多国家的重视。很多国家实施了保护女性利益的措施之后，女性的社会地位得到了前所未有的提高，越来越多的女性在职场上开始受到平等的对待。然而，在中国和柬埔寨，通过对两国就业女性进行调查以后发现，女性在社会活动中的参与度日渐增多，但是进入高级管理阶层的女性还在少数。两国就业女性都表示在职场环境中依然存在性别歧视的问题。不同的是，柬埔寨性别歧视的情况并不太明显，而中国职业女性在年龄和婚姻方面可能会遭遇歧视。

同时，也针对中柬职业女性的就业观做了一些相关的调查，发现在工作和家庭之间，两个国家的就业女性一律选择后者。两国就业女性的家庭观都比较重，使她们在选择就业行业和工作单位时都偏向于考虑工作的稳定性和轻松程度以及福利待遇的好坏，以便让她们把更多的时间和精力都投放到自己的家庭里。经过分析，我认为出现这样结果的原因与两国传统思想观念有莫大的关系。

最后，为了了解目前女性就业所存在的问题和影响女性就业的因素，我们从三个不同的角度去研究和分析。第一，受教育水平。在社会普遍以学历为录用标准的情况下，女性的学历却往往比男性低，竞争力较弱。另外，女性所就读的专业仍较为单一，参与领域狭窄，不利于发展。第二，经济增长。国家经济增长提供更多的就业岗位，但是录取标准也会随之提高，可能造成部分女性难以找到理想的工作。第三，政策。中国扩招政策虽然可以提高国民的教育水平，但也造成大学毕业生就业难的问题，使文凭变得越来越不值钱，竞争激烈，女性在职场中难以生存。除此之外，中柬两国都实行女性保护政策，在给就业女性带来利益和地位保障的同时，也可能会严重阻碍女性就业的发展。

参考文献

佚名. 带你了解 2017 年全球妇女就业状况！，https://www.sohu.com/a/218786895_711398，2018 年 09 月 10 日访问。

朱代玉. 中国女性劳动力就业现状及分析，https://www.docin.com/p-977467057.html，2018 年 09 月 28 日访问。

佚名. 柬埔寨人在职场，男人女人大不同，https://m.sohu.com/a/199583985_669940/?pvid=000115_3w_a，2018 年 10 月 01 日访问

吕春荣. 女性职场现状调查：超八成女性认为就业中存性别歧视，http://www.xinhuanet.com/politics/2017-03/07/c_1120579399.htm，2018 年 11 月 04 日访问

佚名. 2018 中国女性职业现状调查：谁阻碍了她的晋升，https://m.sohu.com/a/225117545_102681/?pvid=000115_3w_a，2018 年 11 月 04 日访问。

王梦晨. 女性遭遇职场性别歧视的原因，https://baijiahao.baidu.com/s?id=1559999986508207&

wfr=spider&for=pc&isFailFlag=1，2018 年 10 月 15 日访问。
佚名. 柬埔寨国人就业率达 99.3%，https://m.sohu.com/a/229030831_99978839/?pvid=000115_3w_a，2018 年 11 月 17 日访问。
佚名. 自动化将导致亚洲成衣业劳动力的滥用，https://m.tnc.com.cn/info/c-001001-d-3654660.html，2018 年 11 月 30 日访问。

指导教师：郭馥琳

商业研究篇

韩中外卖产业及APP比较研究——以“外卖的民族”（韩国）和“饿了么”（中国）为例

徐玧只

（首都师范大学国际文化学院2019届本科生　韩国）

一　引言

现代社会，随着“互联网+”的盛行、生活节奏的加快、家庭模式的变化等众因素的共同作用，人们越来越多地选择使用外卖APP订餐。过去几年来，中国的网上外卖行业在持续发展，越来越多的人使用外卖APP。同时，最近韩国的网上外卖行业也跟随着中国的步伐一步一步不断发展起来，并且受到了越来越多的人的关注。

作为一名留学生，韩国外卖APP“外卖的民族”和中国的“饿了么”我都使用过。本人认为两者在很多方面具有鲜明的不同之处。为了更全面地了解韩中外卖产业、外卖APP的现状、特征，为其未来的发展提供有指导意义的意见和建议，我写作了本论文。本文主要研究了韩国和中国的外卖产业现状的比较，外卖APP“外卖的民族”和“饿了么”的比较，以及韩中外卖产业和APP大学生满意度调查研究。本文主要采用问卷调查和个别访谈相结合的方法，以“外卖的民族”和“饿了么”两个外卖APP都使用过的大学生为调查对象，调查采用“问卷星”电子调查方式，另外，我还通过打电话和微信访谈的方式进行了个别访谈作为补充并进行了记录。

二　韩国和中国的外卖产业比较分析

2.1　两国外卖产业现状

据韩国产业统计厅统计，韩国2013年的外卖服务交易额为3670亿韩元，2018年达到27173亿韩元。据Nielsen Korean Click的统计，近3年间，韩国3大外卖APP的月总使用者（重复除外）达到了560万名，创下了最高值。从图1来看，“外卖的民族”用户数继续位居第一，在2018年8月达到435万人。排在其后的是“yogiyo”平台，为217万人。第三名是“外卖通”，69万人。据韩国消费者团体县议会的调查结果显示，“外卖的民族”市场占有率为55.7%，排在首位，其后为“yogiyo”的33.5%。

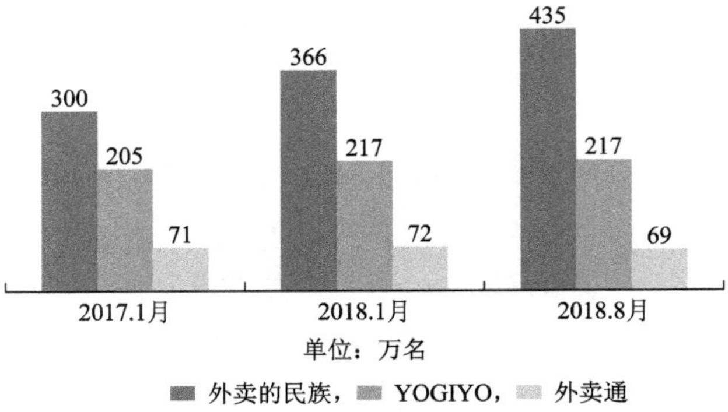

图1 韩国主要外卖APP月用户量

近年来，中国外卖产业迅速发展。2018年10月，市场调查机构Imedia Research发布了《2018年第三季度中国O2O配送服务市场报告》。这份报告说，2017年中国外卖市场规模达到了2052.7亿元。随着外卖配送服务渗透到人们的日常生活中，产业进入平稳时期，网络配送平台开发的重点将逐步转移到用户上。流通效率、服务经验及食品安全成为了未来的竞争焦点。中国外卖服务市场的发展正处于稳定时期，未来市场规模的增长将保持稳定。随着中国互联网用户的增加，外卖产业的规模将逐年快速扩大。并且，APP推出了网上支付服务。这一支付方式的变化带来了巨大的便利，同时为外卖的发展提供了动力。

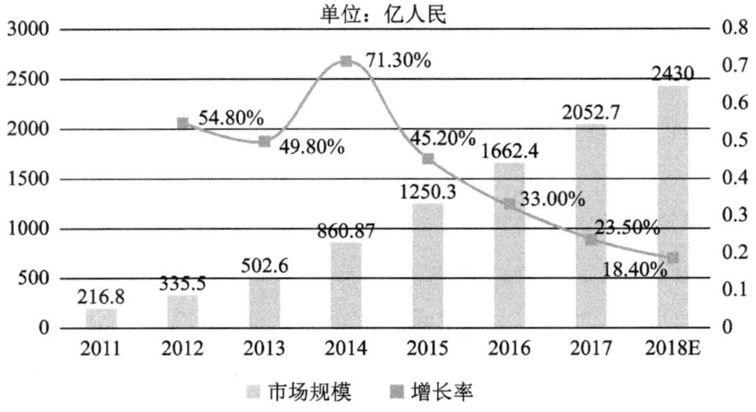

图2 2011–2018年中国O2O外卖产业市场规模

2.2　两国外卖产业的特征

韩国外卖产业特征如下：一是发展速度很快。2013 年，韩国外卖服务产业总额为 3670 亿韩元。在 4 年内，产业规模增大了 7 倍。根据韩国统计局的数据：到 2018 年 7 月外卖服务总交易额 27173 亿韩元，与 2017 年相比上升了 78%。二是外卖品类主要是餐饮类。三是外卖消费时段主要为晚上至凌晨。四是韩国的外卖消费市场为全国范围均匀分布。在韩国，地方之间消费能力的差异比较小，因此在全国使用外卖的人比较均匀。五是外卖消费的主力年龄分布在 20 ～ 30 岁。

中国的外卖产业特征如下：一是中国外卖产业保持较快增长速度。2017 年中国互联网餐饮外卖市场用户规模为 3.2 亿人，2018 年用户规模达 3.6 亿人。二是外卖品类从餐饮向非餐饮拓展。之前，外卖的种类比较单一，大都为餐饮类。但是，现在已经从餐饮向非餐饮拓展，覆盖到药品、鲜花、生活用品等。三是外卖消费时段从午餐、晚餐双高峰向全时段扩展。不像往常一样，人们不仅仅在饭点使用外卖，人们只要在需要的时候就会使用外卖平台。因此，外卖消费时段范围逐渐在变大。四是一线和二线城市是外卖的主力消费市场。居住在一线和二线城市的人消费能力比较高，多为城市白领与年轻学生，使用外卖平台的频率较高。因为他们大多为城市白领和年轻学生，他们比较忙，顾不及吃饭，且熟悉智能手机。而且最近随着单人家庭的增长，外卖使用率也大大增加。

2.3　两国外卖产业的发展方向

韩国与中国的外卖产业发展都越来越快。2019 年，韩国和中国外卖产业总交易额预计将各达到 298 亿元、6035 亿元。因此，两国的外卖产业发展方向都应该追求“优化体系”。第一，餐食外商品配送业务将会不断扩充。之前，外卖产业仅支持餐饮类。然而，现在逐渐提供鲜花、果蔬生鲜、药品、日用品等项目。因此，未来将会出现更多的配送业务项目。第二，在线餐饮外卖对环境造成的巨大负担不容忽视。因此，外卖产业应该尽好企业责任，使用户提高环保意识。第三，外卖产业应该更加重视食品安全问题。随着人们对个人隐私与健康的重视程度上升，食品安全逐渐成为行业不容轻视的基本要求，外卖产业应当积极配合，实现商家资质审核等安全措施。

三 “饿了么”和“外卖的民族”的功能比较分析

“饿了么”是2008年创立的中国外卖平台，致力于用科技打造本地生活服务平台，推动了中国餐饮行业的数字化进程，使外卖变成中国人就餐的新方式。截至目前，“饿了么”在线外卖平台覆盖中国670个城市，在线餐厅340万家，用户量达2.6亿，配送员达300万，公司员工也超过15000人。

“外卖的民族”平台于2010年6月上市。公司作为韩国国内外卖平台的老大，保持着压倒性的市场优势，近几年的年均销售增长率达到70%以上。在市场形成初期，由于为占据市场优势的攻击性营销策略，公司长期处于亏损状态，但2016年实现全年盈利后，公司继续保持盈利态势。2017年总订单数超过1500万次，2018年1月基准占有率超过其他应用程序，占据51%的优势。

3.1 “饿了么”APP功能

“饿了么”的功能可以大致分为七个部分。

第一，快速搜罗附近外卖，不需要打电话可以直接网上预订。“饿了么”APP上还有筛选功能，因此可以在此功能里点击“距离最近”，来方便地选择离自己比较近的商家；还有，买家可以在线上支付、线上取消、线上催单等，不需要像过去一样通过烦琐的环节来预订或支付。例如，外国人即使不会用中文，只要会用APP，便能够轻松地点到自己想要的物品。另外，在通话不太方便的情况下，也可以使用手机来点单。这都打破了过去固有的“打电话点外卖”的观念。而且，APP上还具有“预订”的功能。消费者可以选择自己方便接单的时间段，那么骑手一般会在消费者所选择的时间段以内领取他们的订单。

第二，“饿了么”APP会在第一时间通知您外卖状态。首先，消费者会收到商家接到订单的消息，然后商家在准备订单的时候也会有相应的通知，骑手出发的时候可以接到订单在配送的消息。同时，消费者可以用APP看到骑手的位置，了解订单送到了什么地方。因此，消费者能够更加有效合理地利用时间，在订单配送的时间里做自己的事情。

第三，“饿了么”APP内有外卖美食的点评和照片。“饿了么”APP内，消费者可以看到商家的实图。通过了解商家的信息，消费者便有了更多的选择。通过其他消费者对商家的评价和打分，甚至是商品的图片，消费者可以做出更加明智的消费。同时，对订单感到不满意的消费者，可以通过这样的方式来对商家表明态度，那么一般情况下能够得到商家的回复。这样的功能，便于商家和买家之间的相互沟通，促进商家更好的发展。

第四，收藏您喜欢的餐厅和美食，方便点餐。消费者可以将使用过后满意的商家进行收藏。因此，消费者再次使用 APP 的时候，便能够轻松地找到自己需要的商家。

第五，“饿了么”内提供各种赠饮打折活动，优惠不断。“饿了么”APP 上会有很多优惠活动。比如，点单送饮料、满减活动、与好友分享红包、签到领红包、玩游戏领红包、每天领任务领红包等。这些优惠活动促进了人们的消费，确实也能够用相对较低的价格来得到满意的物品。

第六，加入“饿了么”会员便能够享受更多的服务和 APP 功能。首先，会员每个月可以领一定数量的红包，并能够通过积攒 APP 上的金币来购买其他的物品。“饿了么”还与某些银行卡合作，为会员提供特殊的服务。这样一来，会吸引更多的消费者加入会员，提高收益。

第七，“饿了么”APP 中还有一种特殊的功能，那便是跑腿代购功能。消费者也可以通过此功能来获取没有和“饿了么”进行合作的商家的物品。也就是说，消费者只需要多付一点手续费，便能够像与其合作的其他商家一样得到所需要物品。这说明，不管是哪里的、什么样的物品，只要通过“饿了么”APP，一切都可以解决。

3.2 “外卖的民族”APP 功能

第一，筛选功能。与“饿了么”相似，“外卖的民族”也可以根据距离、人气度、评价量、收藏度的顺序来筛选商家。除此之外，APP 中另有活动网页，在网页中，可以获取许多优惠活动详情。

第二，APP 中首页有食品分类项。将食品分为韩餐、中餐、日餐、西餐、甜点等。

第三，支付功能。支付功能非常多样，有网上支付功能，另外还提供面对面现金付款、刷卡等。

第四，可以与好友互送礼物。就像星巴克的星礼卡，“外卖的民族”也可以互相送优惠券，收到优惠券后，可以在 APP 里当作现金来使用。

第五，根据使用频率进行积分。积分有4个等级，可以给予不同的优惠活动。与“饿了么”相比，“外卖的民族”是不能用钱来买会员等级的，只能通过积分来提高等级。每个月0至4次的订单将会被称为“普通会员”，5次以上的将被称为“朋友”，10次以上的将被称为“最佳朋友”，20次以上的便被称为“天生缘分”。这种方法会大大促进人们的消费。

3.3 “饿了么”APP的优势与劣势

“饿了么”APP能够在短时间内快速发展的原因是它优先考虑了“消费者的便利和满意度”，它有以下优势。

第一，“饿了么”APP订餐平台

首先，“饿了么”最基本的特征是“饿了么”的订餐平台。在订餐平台中，会根据消费者的定位来在位置、评价、人气、价格、配送速度等方面推荐适合此消费者的商家。同时,“饿了么”拥有大量的商家，于是消费者会有很大的选择范围。其次，还提供很多的优惠活动，提高消费者的参与度，比如与好友分享红包、签到领红包等。这些活动有机会让消费者成为“饿了么”的忠实客户。最后，在支付方面，“饿了么”提供方便的线上支付系统，支持微信、支付宝、银行卡等。

第二，“饿了么”APP后台管理软件

“饿了么”不仅有自己的后台管理软件，也为商家餐厅后台增设管理软件。简单地说，前者可以为“饿了么”提供消费者信息，更好地满足消费者；后者便是排除了消费者到“饿了么”、“饿了么”再到商家这种烦琐的过程。同时保证了商家在第一时间快速收到消费者的订单，大大缩短时间。

第三，“饿了么”APP自配送物流

“饿了么”APP自配送物流，是其与很多品牌不同的一点。它的这种系统便于管理“骑手”；同时，帮助解决商家之间的控制流程，提高了效率，达到了最大利润。另外，消费者可以在APP找到骑手的信息，可以方便快捷地与骑手联系。并且，“饿了么”的骑手们穿着同样的蓝色工作服，这也让“饿了么”有了明显的宣传效果。

相反，“饿了么”APP也在其发展过程中出现了一些需要改进的部分。首先，“饿了么”主要合作的餐厅以中餐厅为主，与其他竞争公司美团外卖相比，餐品种类较少。其次，“饿了么”商家的注册过程简单，缺少实际调查环节，“饿了么”对注册商家实际情况了解模糊，不能排除食品的安全隐患。另外，加盟餐厅数量太多，比较难管理；从业人员质量参差不齐，无法保证食品的质量。最后，订单经常会与APP上显示的到达时间误差较大。

3.4 “外卖的民族”APP优势与劣势

“外卖的民族”APP之所以能够在韩国市场得到很大的人气，是因为其有其他外卖APP所不具有的优势。

第一，APP中利用了人们熟知的形象。就像APP名字中“民族”一词一样，包含了许多韩国传统的要素，比如语言、图片等。

第二，支付方式多样。这也是与“饿了么”的不同之处。“饿了么”的支付方式很少，与此相反，“外卖的民族”还提供面对面现金付款、刷卡等。因此，即使没有与APP绑定支付软件，也可以选择其他的付款方式，提供了诸多方便。消费者的年龄范围也随之变广，不会使用支付功能的老年人也可以简单地使用APP。这也对确保多样的消费层有很大的帮助。

第三，APP后台会记录消费者的满意度与建议。

相反，“外卖的民族”也有一些明显的不足之处。

第一，没有骑手定位系统。与“饿了么”相反，“外卖的民族”不提供骑手的定位服务。这样一来，人们便无法知道自己的订单目前在哪儿，因此不能很好地利用配送时间来做自己的事情。

第二，没有详细的商家的信息。与“饿了么”相反，外卖的民族有很多商家是不提供店内图片的。因此，不能够安心地选择商家，仅能靠APP中其他消费者上传的评价来判断商家的好坏程度。

第三，提供外卖的起步价高。虽然每个商家的起步价不同，但至少在大概人民币60元以上，最高的在200元以上。这对单人家庭的人会造成负担，限制了消费者的使用。

第四，“外卖的民族”只提供食品外卖。“饿了么”具有十分多样的外卖服务，比如鲜花、蛋糕、药、文具、茶等。然而，“外卖的民族”只提供关于食品方面的服务。

第五，与“饿了么”相反，大部分的商家需要自己雇佣骑手。因此，配送时间会相对比“饿了么”较长。一旦商家订单变多，配送时间就会比预期晚许多。

四 “饿了么”和“外卖的民族”大学生满意度调查分析

4.1 关于调查情况的说明

为了更好地了解大学生眼中韩国和中国的外卖产业的情况、外卖 APP“外卖的民族”和“饿了么”的优点缺点等相关信息，我们进行了下面的调查。

本研究采用问卷调查和个别访谈相结合的方法，其对象为既使用过“外卖的民族”也使用过“饿了么”的大学生。调研时间集中在 2019 年 9 月 28 日至 2019 年 10 月 15 日。共发放问卷 107 份，回收 101 份，其中有效问卷 99 份。按性别分类，男生 32 份，女生 67 份；按年级分类，大一 10 份，大二 27 份，大三 34 份，大四 28 份。同时，本人在 2019 年 10 月 1 日至 2019 年 10 月 7 日期间还通过打电话、微信两种方式对其中的 8 名被调查者进行了个别访谈，其中男生 3 人，女生 5 人。问卷共有 23 个问题，调查采用“问卷星”电子调查方式。

4.2 大学生使用“外卖的民族”和“饿了么”的基本情况

在 99 名被调查者中，使用过这两种 APP 的人大部分为韩国的留学生。通过男女生数量对比（40:59）可以看出，女生通过网络订外卖的人比男生多一些，因为现在的女学生更偏向每一顿都选择好吃的、健康的食品。男生更喜欢随意的生活，因此不像女学生一样精心挑选菜品。

4.2.1 选择外卖的原因

据我们了解，大学生们选择外卖经常是因为课业任务多、任务重，所以没有时间去食堂吃饭，有的则是因为外卖更加方便。针对大学生们选择订外卖的原因，我们的调查结果如下图 3 所示。

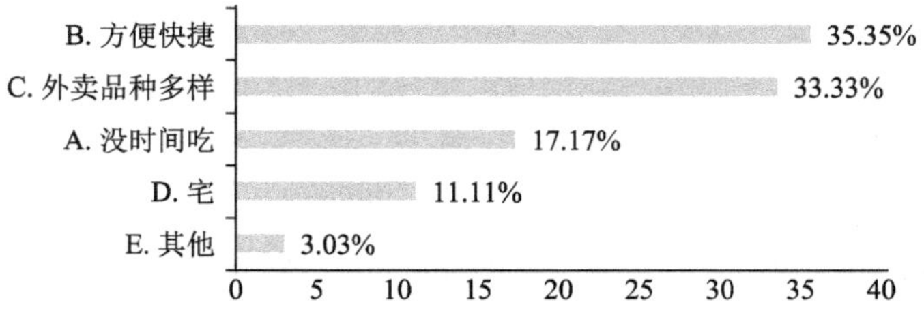

图 3　选择外卖的原因

从图 3 我们可以看出，在 99 名被调查者中，认为外卖更方便快捷的人最多，有 35 人，约占 35%；其次是外卖品种多样，有 33 人，约占 33%；因为没时间吃饭而选择外卖的，有 17 人，约占 17%。

大学生们之所以看重外卖的品种的多样性，这与大学食堂的饭菜品种较少，可选择性不多，经常吃失去了新鲜感等有关。

大学生们平时学习任务较重，没有更多的时间用来吃饭，尤其是吃午饭，很多学生下午可能还需要上课或者做作业，因此他们会选择订外卖。

4.2.2 大学生选择外卖最看重的因素

有些大学生选择外卖时非常看重外卖的口味，有些则更加重视外卖的卫生状况，此外，还有人觉得价格和送达的时间非常重要。针对这个问题，我的调查结果如下图 4 所示。

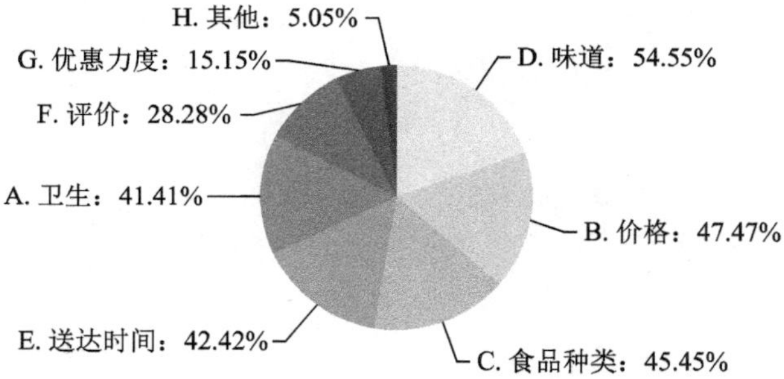

图 4 订外卖最重要的部分分

从图 4 可以看出，被调查者订外卖时最看重的方面主要有味道、价格、食品种类、送达时间、卫生等。其中，55% 的人选择了味道，认为味道是订外卖中最重要的因素；其次是价格，占 47%。紧接着是食品种类，占 45%，送达时间占 42%。

从以上比例看出，美味是人类最强烈的需要。在订餐的那一瞬间，人们普遍都不会想到卫生的问题。通过后续访谈进一步了解到，被调查者相对于卫生，会更加重视饮食的味道。但这不意味着被调查者不在意卫生情况。这只是说明了被调查者追求味道的好坏。基本的需要解决以后，才考虑卫生等问题。

4.2.3 关于送餐速度与了解 APP 渠道

选择外卖的人大部分重视时间、讲究速度。因为他们比较赶时间，学习工作繁忙。另外，人们了解外卖 APP 的渠道很广泛，网络的发展也使得人们容易接触许多信息。针对这个问题，我的调查结果如下图 5 和 6 所示。

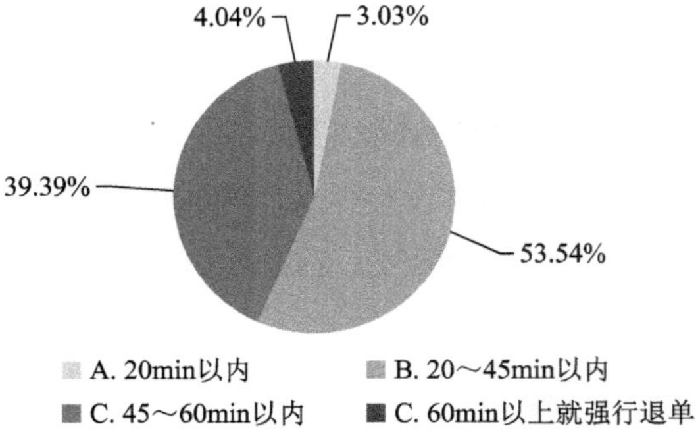

图 5　关于送餐速度的满意度

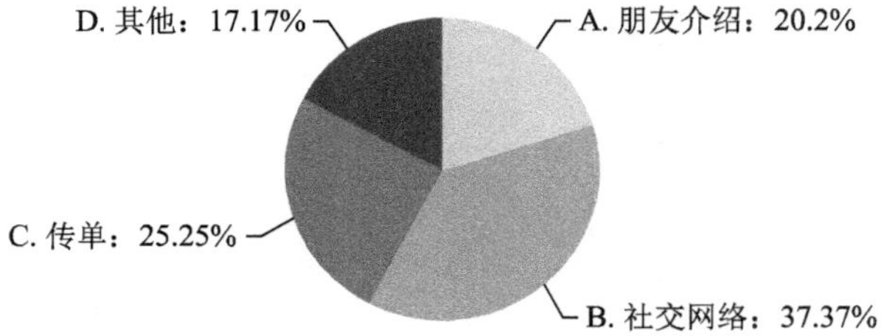

图 6　了解 APP 渠道的分析

从图 5 可以看出，被调查者中的 54% 认为在 20~45 分钟以内到达的送餐速度是最能够接受的；其次是 45~60 分钟以内，占 39%；60 分钟以上就强行退单与 20 分钟以内到达各占 4% 与 3% 左右，比重极少。

从选择外卖的原因能够看出，17% 的被调查者由于没有时间才会选择外卖。若送餐时间超过了 1 小时，那么便会失去选择外卖的理由了。接着，我们从图 6 可以看出，通过社交网络了解“外卖的民族”与“饿了么”的人最多，占 37%；其次是传单和朋友介绍，各占 25% 和 20%。从这里能够看出，随着 SNS 的普及，通过社交网络接触到这些 APP 的人越来越多，因此通过社交网络了解 APP 的人最多。对于广告，韩国的“外卖的民族”经常通过电视广告来宣传。最后，大学生们一般生活在团体当中，学生们之间的交流比较多，因此，通过朋友介绍了解外卖 APP 的情况也很多。

4.3 大学生对“外卖的民族”和“饿了么”的满意度

4.3.1 大学生对“外卖的民族”与“饿了么”的整体满意度

大学生经常使用外卖 APP，他们对“外卖的民族”与“饿了么”的整体满意度，我的调查结果如下图 7 所示。

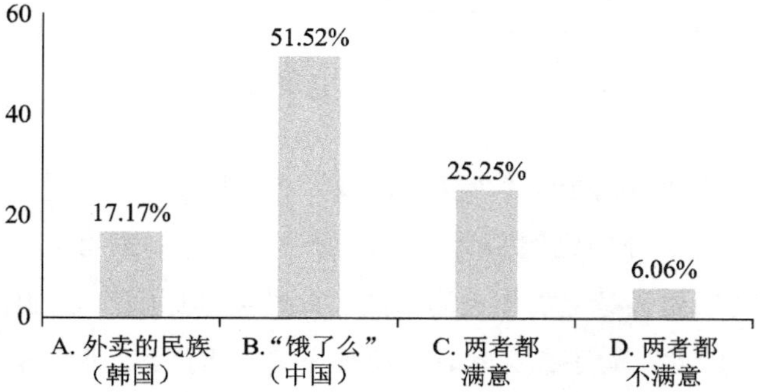

图 7　都使用过两个 APP 的人的满意度

从图 7 可以看出，对“饿了么”满意的人最多，共 51 人，占 52%。接着对“外卖的民族”满意的人共有 17 人，占 17%。两者都满意的人有 25 人，占 25%；两者都不满意的人有 6 人，占 6%。

从此我们能够看出，一半以上的被调查者对“饿了么”APP 表现出满意的态度。相反对“外卖的民族”APP 满意的人只有“饿了么”APP 的三分之一。

4.3.2 大学生对“外卖的民族”与“饿了么”满意度的详细评价分析

（1）送餐质量

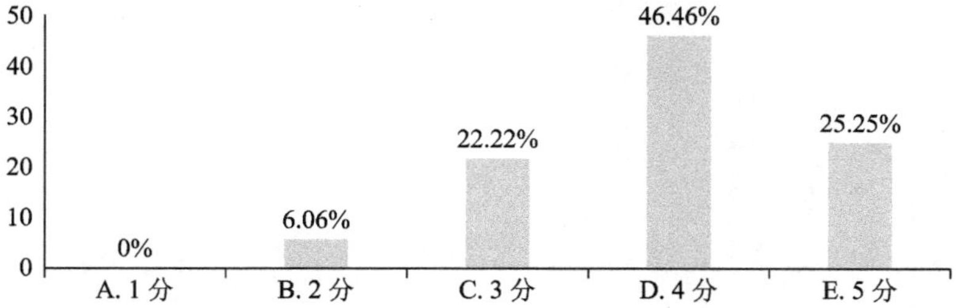

图 8　“外卖的民族”送餐质量

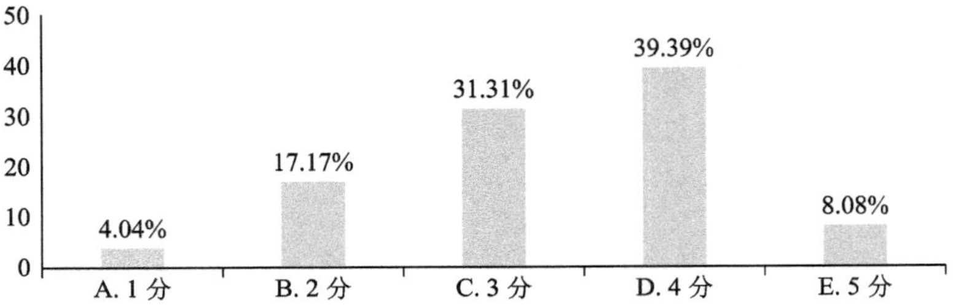

图 9 “饿了么”送餐质量

从图 8、9 我们可以看出，“外卖的民族”送餐质量评价高于“饿了么”。“外卖的民族”的 4 至 5 分的比例高达 82%，而“饿了么”只有 47%。这说明“外卖的民族”的送餐质量是更加使人满意的。此结果的原因可以归结为：1. “饿了么”重视速度。因此，骑手在送餐时会忽视送餐的质量。2. 骑手会同时配送许多商家的菜品。因此，会出现菜品不完好的情况。相反，“外卖的民族”十分重视送餐的质量。“外卖的民族”商家需要自己雇佣骑手，因此“外卖的民族”的骑手会相对于“饿了么”的骑手更加重视菜品的质量。根据访谈，使用“外卖的民族”没有过菜品质量不完好等情况，但“饿了么”却经常会遇到这样的情况。

（2）送餐速度

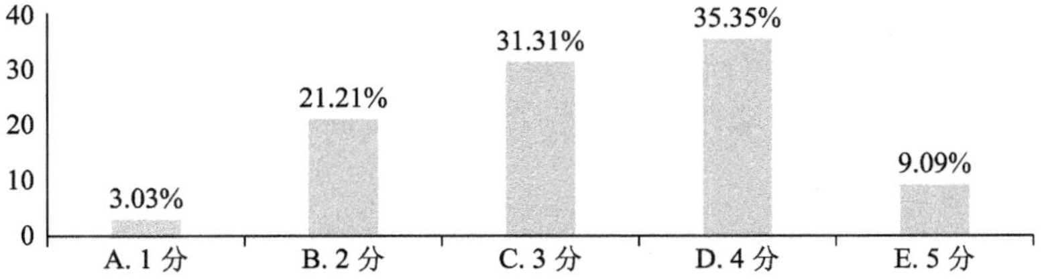

图 10 “外卖的民族”送餐速度

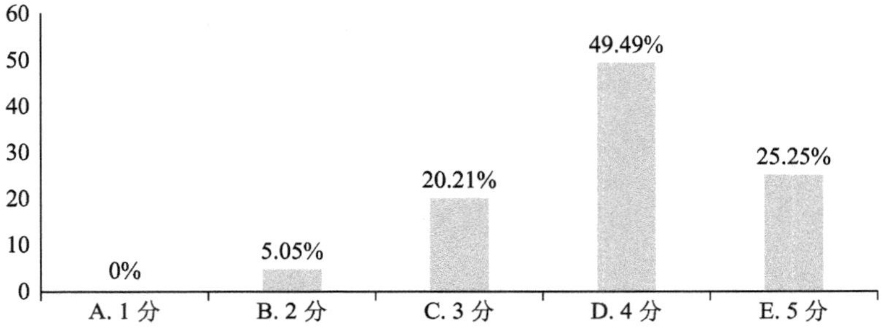

图 11 “饿了么”送餐速度

从图10、11我们可以看出,“饿了么”的送餐速度评价总体上高于“外卖的民族”。“外卖的民族”的评价中,4分的比例最多，其次是3分，紧接着是2分。5分的很少，只有9%。与其相似,“饿了么”的4分的比例最多。但与此相反,5分的比例是第二，有49%。总之，“外卖的民族”的高分（4至5分）的比例只有44%，而“饿了么”高分比例高达75%。从这我们可以看出，大学生对“饿了么”的送餐速度是更加满意的。根据采访结果，韩国平均送餐速度，无论距离的远近，大概都会在40分钟以上。但是，“饿了么”送餐速度都不会超过40分钟。这种现象的原因可以归结为几点：1.“饿了么”有其直接管理的骑手，并且骑手的人数非常多。然而，韩国“外卖的民族”只有他们商家自己雇佣的骑手，所以在人数方面也与“饿了么”相比少很多。2.“饿了么”的功能中有“催单”功能。此功能可以督促骑手，加快送餐速度。此外，“饿了么”还会为超过预计送达时间的大学生进行补偿。相反，“外卖的民族”完全没有这样的功能，大学生只能通过打电话给商家来进行督促。

（3）操作便捷度

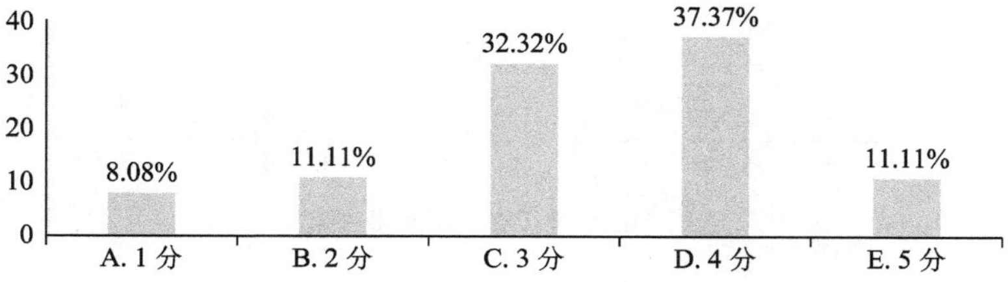

图12 “外卖的民族”操作便捷度

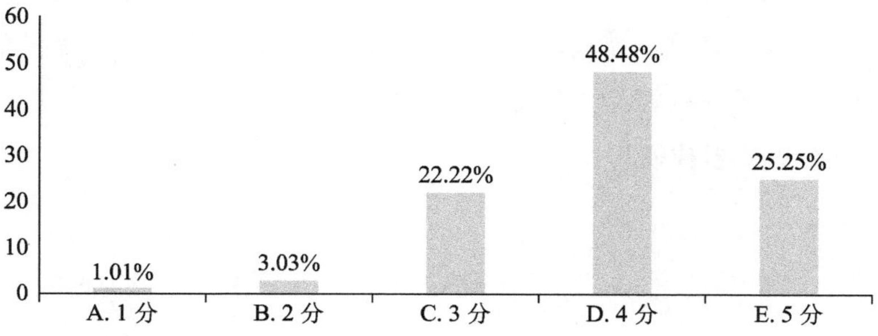

图13 “饿了么”操作便捷度

从图12、13我们可以看出，“饿了么”的操作便捷度总体上高于“外卖的民族”。然而，从两者3至5分的总分相差不大的一点来看，大学生对二者的操作便捷度都基本感到满意。两个APP都是以智能手机为基础的平台，因此在操作上没有太大的不便之处。

（4）商家多样度

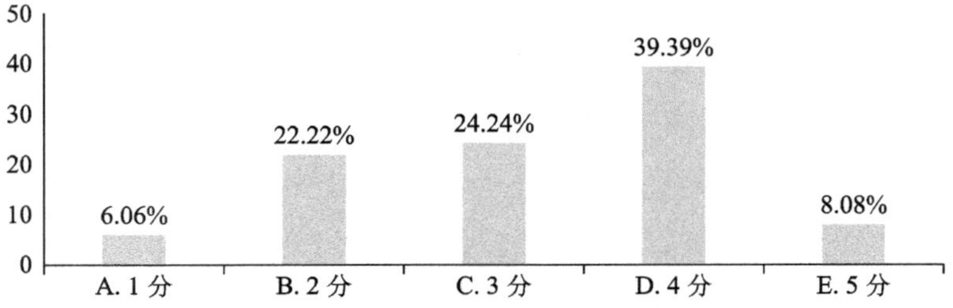

图14 “外卖的民族”商家多样度

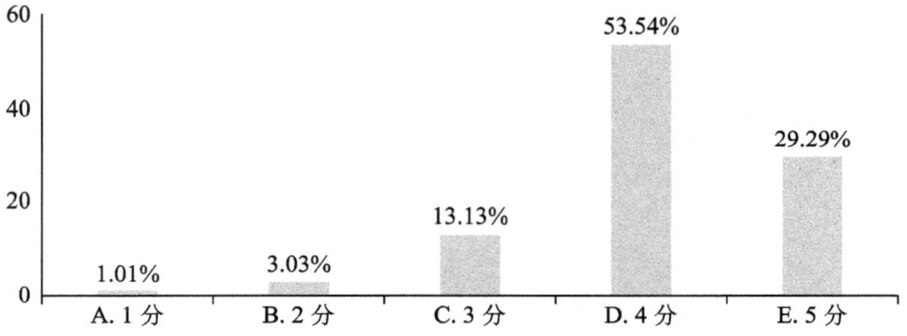

图15 “饿了么”商家多样度

从图14、15可以看出，“饿了么”与“外卖的民族”相比，“饿了么”的4至5分高达82%。事实上，“饿了么”的商家是十分多样的。不但是食品方面的商家，还有鲜花、药品、文具、超市等。然而，“外卖的民族”只提供食品方面的外卖服务，一般只有韩式、中式、日式菜品。

（5）支付方式多样便利

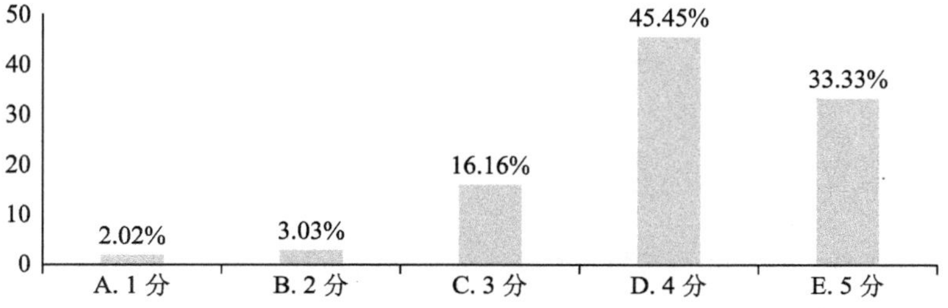

图16 “外卖的民族”支付方式多样便利

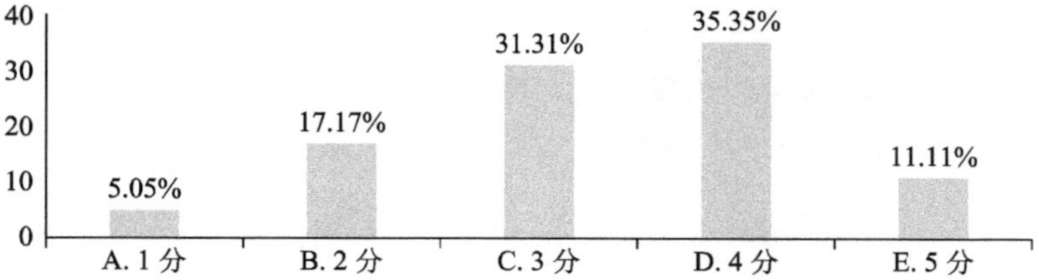

图 17 “饿了么”支付方式多样便利

从图 16、17 可以看出，“外卖的民族”支付方式多样、便利，评价高于“饿了么”。“外卖的民族”的 4 至 5 分高达 78%，相反“饿了么”的 4 至 5 分是 46%。此结果说明了“外卖的民族”支付方式更加使人满意。根据访谈，“外卖的民族”提供许多支付方式，不仅可以线上支付，还提供线下的支付、现金支付及刷卡支付。相反，“饿了么”的支付方式仅限线上。

（6）售后服务及时

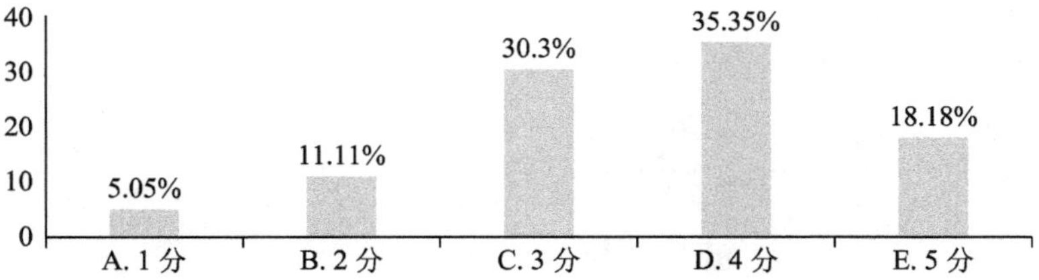

图 18 “外卖的民族”售后服务及时

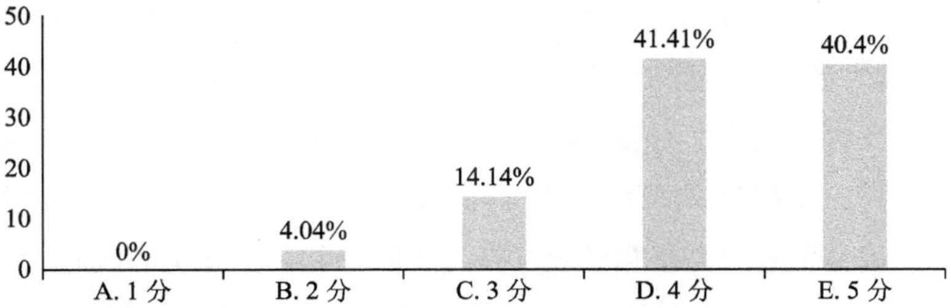

图 19 “饿了么”售后服务及时

从图 18、19 我们可以看出，“饿了么”的售后服务高分明显地高于“外卖的民族”。“外卖的民族”4 至 5 分的比例达到 53%，而“饿了么”高达 82%。这说明了大学生对“饿了么”售后服务及时这一点感到满意的人比较多。根据采访的内容，大学生在使用“饿了么”时，若通过“饿了么”平台反映对菜品不满意或认为菜品不完好，那么会得到及时反馈，比如退款、红包等。然而，“外卖的民族”遇到类似的情况，大多不会这样做。

（7）服务态度亲切

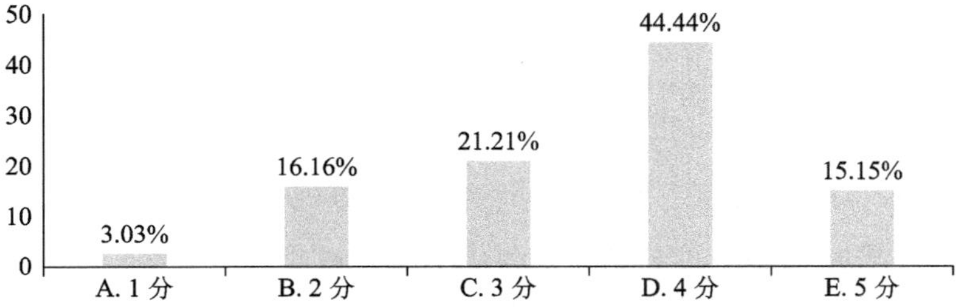

图 20　“外卖的民族”服务态度亲切

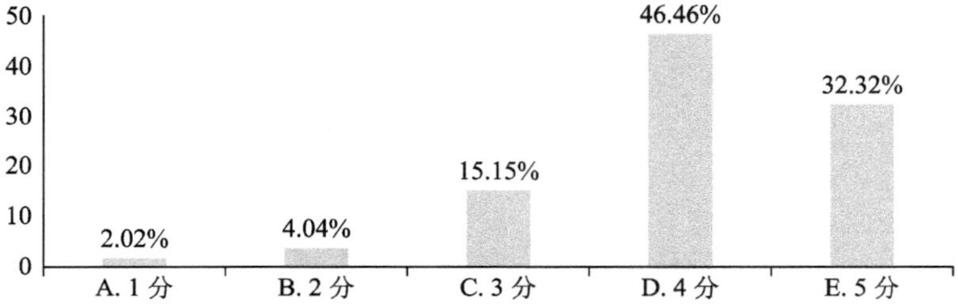

图 21　“饿了么”服务态度亲切

从图 20、21 中我们能够看出，整体上“饿了么”和“外卖的民族”的服务态度亲切评价 4 分的比例是最高的。两者最大的区别是，“饿了么”的 5 分是“外卖的民族”的 2 倍。然而，“外卖的民族”2 分的比例是“饿了么”的 4 倍，这说明对“外卖的民族”的服务感到不满意的大学生还是不少的。这原因在于：“饿了么”中会有对商家与骑手的态度等方面进行评价的环节，然而“外卖的民族”只有对商家的评价。根据访谈，被采访者提到：“‘外卖的民族’骑手的态度是不太亲切的，这可能是因为我们无法对骑手进行评价。相反，‘饿了么’的骑手都比较亲切。”

4.4　调查情况总结

本调查的基本情况总结如下：在选择外卖的原因上，大学生们选择外卖的原因主要是外卖的品种更加多样、外卖的形式方便快捷。在大学生选择外卖最看重的因素上，主要有味道、价格、食品种类、送达时间、卫生等。选择外卖的人大部分重视时间、讲究速度。此外，我们还进行了两个APP的满意度调查。在大学生对“外卖的民族”与“饿了么”的满意度上，对“饿了么”满意的人最多。在“外卖的民族”与“饿了么”评价分析上，我们从送餐质量、送餐速度、操作便捷度、商家多样度、支付方式多样、售后服务及时等多个角度进行了调查。结果显示，在大部分的项目上，“饿了么”的评价比“外卖的民族”总体要高。“外卖的民族”和“饿了么”相比，在商家的多样度、送餐速度、售后服务、骑手服务态度上体现出不足。此调查结果充分说明了“外卖的民族”在很多方面需要提升。

五 结论

5.1 论文总结

本文对韩中外卖产业现状和特征进行了简单的介绍，并对其发展方向进行了分析。同时，以同时使用过“饿了么”和“外卖的民族”两款外卖APP的大学生为对象，调查了他们使用两款软件的基本情况以及满意度。

通过研究，可以得出如下结论：

第一，两国外卖产业发展速度非常快。然而，在其发展过程中出现的问题也不容忽视。因此，外卖产业需要重视食品安全、业务范围、环境等诸多问题，弥补现在的不足。

第二，韩国“外卖的民族”作为后起之秀，需要建立一个明确的发展方向。在发展过程中，可以将“饿了么”作为模板，取“饿了么”的精华，去“饿了么”的糟粕，不断地对其进行改善。从服务、便利度、满意度评价的结果来看，中国的“饿了么”评价总体上高于韩国的“外卖的民族”。尤其是态度与服务方面的满意度方面的差距偏大。出现这一现象的原因是，韩国一般情况下是商家直接雇骑手，也没有专业的培训，因此会在态度上有些不足之处。本人认为，中国“饿了么”对骑手的直接管理与对骑手的专业培训，使得“饿了么”在这些方面拥有较大的优势。

第三，年轻人希望能够得到更多便利的服务。作为繁忙的现代人，大学生偏向于选择便利性，同时也渴望得到优质的服务。因此，两国的APP需要发展的方向应是为消费者提供更加便利与优质的服务。

5.2 建议

针对上述问题，本文对韩中外卖产业与两个 APP 发展方向提出以下建议。

5.2.1 对韩中外卖产业的建议

虽然当今的外卖行业提高了我们的生活质量，但是外卖产业依然存在着问题。这些问题妨碍了外卖产业的进步，影响了外卖产业的服务质量。因此，我将对韩国和中国的外卖产业分别提出相关的建议。

对于韩国的外卖产业，现在还处于初步发展阶段，需要多向中国产业学习，在外卖的品类方面也需要扩充，要从餐饮类向非餐饮类扩展。同时，对于工作人员的教育培训也需要提升，应通过定期的教育，让工作人员树立安全和卫生观念。

对于中国的外卖产业，应当强化产业规范制度。在中国，外卖的店铺越来越多。但是，有的外卖店铺没有营业执照，甚至还没有卫生许可。对于这样的店铺，相关部门需要进行普查，停业整顿。对于其他问题，应当给予整改的机会。而且，强化卫生监管和安全保障也是必要的。有的商家外卖商品和商家内的商品质量不一样。所以，应当加强监管的强度，提高监管频率。采取罚款等措施。最后，中国的外卖主消费市场为一、二线城市。而为了外卖市场的进一步扩大，需要开拓三、四线城市市场。

5.2.2 对韩中外卖 APP 的建议

首先，对于韩国外卖 APP“外卖的民族”来说，在送餐质量和支付方式多样性方面，“外卖的民族”比“饿了么”获得了更高的评价。“饿了么”更重视送餐速度，但送餐的质量也需要重视。

第二，“外卖的民族”没有专门的送外卖人员，这是一个很大的缺点，这方面应该向“饿了么”学习。

第三，商家多样化方面，“饿了么”获得了绝对的高分。“饿了么”上几乎什么都有，而且几乎无论到哪里都可以送货。但是“外卖的民族”只有饮食服务。如果“外卖的民族”没有了“送餐”的大标题，不仅能送餐服务，而且还能提供各种各样的东西的话，消费者的满意度将进一步提高的，韩国的外卖产业也将会进一步发展。

第四，在服务方面，大学生对“饿了么”的服务更加满意。大部分情况下，“饿了么”在短时间内就能解决消费者的不满。24 小时运行的服务中心，排除了打电话的必要性，为消费者提供更加便捷的服务平台。同时，在 APP 内能对骑手的服务态度或配送质量进行评价，因此大部分的骑手会努力提供亲切的服务。与此相反，“外卖的民族”只是商家自身对消费者的进行服务管理。因此其对消费者的服务管理会比“饿了么”较低。没有对骑手进行评价的程序，因此，也难比“饿了么”骑手的服务更加优质。

第五，与“饿了么”相反，“外卖的民族”事实上只是连接消费者与商家的媒介。若“外卖的民族”在体系与管理上更加严谨，覆盖更广大的范围，那么会更加具有竞争力。对于中国外卖 APP“饿了么”来说，从大学生消费者对 8 个项目的评价来看，“饿了么”在功能和服务方面得到了较低的评价。这说明在大部分方面得到相对高评价的“饿了么”APP 也有其不足之处。

最后，“外卖的民族”具有多样的支付方式，有助于吸引更多的消费者。中国的“饿了么”选择了支付宝、微信等方便的线上支付服务。然而，对于没有此 APP 的消费者来说，就很难使用“饿了么”了。与此相反，“外卖的民族”不仅提供线上的支付服务，还提供线下的服务。例如，可以通过骑手进行面对面支付，支持刷卡与现金支付。根据采访，很多人提出：没有银行卡绑定的外国人就无法使用“饿了么”。从这方面来看，“饿了么”提供的方便的网上支付方式缩小了消费者的范围，限制了更多人的使用。因此，“饿了么”也应该推出现金支付服务。

5.3 展望

由于“互联网 +”逐渐盛行、生活节奏加快、家庭模式的变化，为了更加方便的生活，选择外卖的人越来越多。同时，现代人的繁忙的生活和手机使用率的增加，也会促进外卖 APP 的使用。从各个角度来看，外卖产业将会不断成长。展望未来，我们认为：

第一，外卖行业将会提供更加多样的服务。如今，韩中外卖 APP 提供的服务越来越多样化，比如定时配送、准时达等。对于繁忙的现代人来说，外卖 APP 已经成为他们生活中不可缺少的一部分。这些外卖行业从消费者的角度持续推出更加优质和便利的服务，那么外卖产业将会不断发展。

第二，食品卫生安全问题将会大大减少。如今，外卖产业中最突出的问题就是食品的卫生问题。根据消费者的评价，我们不难发现消费者在重视食品味道的同时，也非常注重食品的卫生。因此，更多外卖的店铺开始对卫生更加重视，有的店铺甚至通过厨房的直播让消费者放心地使用外卖服务。为了吸引更多的用户，尤其是注重食品卫生安全的用户，外卖行业将会努力改善这方面的问题，并根据消费者的需求来推出关于食品卫生方面的新的系统。

第三，配送效率会大大提高。现在，为了提高配送的效率，外卖产业投入了IT 系统。通过 IT 系统，运营数据会自动更新，还能提供远程监控。甚至，还可以通过这一系统来自动运营店铺。对于外卖行业来说，为了提高生产率和降低佣费，IT 技术的发展是必要的。因此，通过 IT 技术的广泛应用和发展，外卖行业的未来会更加光明。

最后需要说明的是，由于时间和能力有限，本文存在许多不足之处，未来还需要有更深入的调查和更深入的访谈，相关研究还有待进一步展开。

参考文献

阮望舒，郑慧婧. 大学生网络订外卖现象及影响因素 [J]. 当代青年研究，2016 年 9 月总第 344 期第 5 期.

赵耀. 大学生外卖消费现况及其影响因素分析——以安徽财经大学为例 [J]. 现代商业，2016(20):164-165

李鲁静. 大学生网络外卖消费现状及发展研究 [J]. 商场现代化，2015(02):25. [4]

배인선.《중국 '소비자의날' TV 프로고발타깃 '중국판배달의민족'》http://www.ajunews.com/view/201603161312360732016 年 3 月 16 日. 2017 年 10 月 31 日

업다운뉴스《외식시장집어삼킨배달산업, 플랫폼신뢰지키려면배달인력운영개선부터》https://m.post.naver.com/viewer/postView.nhn?volumeNo=26546733&memberNo=36765180&vType=VERTICAL2019 年 10 月 19 日

한창근. 성균관대학교사회복지학과교수,《20 조배달앱시장에 '사람' 은없다》http://www.pressian.com/news/article/?no=259458&utm_source=naver&utm_medium=search2019 年 10 月 2 日

박소현,「배달앱시장포화우려에도… '배달의민족' 年 70% 고속성장」, http://www.fnnews.com/news/2018 年 02 月 28 日

김태현,「배달의민족', '요기요, '배달통'... 배달앱전쟁 3 조시장승자는 ?」, http://pub.chosun.com/client/news/viw.2018 年 02 月 20 日

指导教师：刘士红

中国大型电子商务平台上的购买行为及其对意大利中小企业零售商品在华销售的启示

陆玲玲

（首都师范大学国际文化学院 2020 届本科生　意大利）

一　引言

在当代经济中，网络购物成了当前普遍的潮流，电子商务越来越普及，在市场中占据着日益重要的地位，并代表着未来贸易方式的发展方向。中国作为当前世界经济新的增长引擎，在电子商务方面的发展也是蒸蒸日上，其产业布局和经营模式也变得十分成熟，甚至可以说，目前中国的电商已经占得领先地位，并在世界范围内博得了广泛的赞扬。随着商品与服务的电子化以及交通运输效率的提升，中国大大扩展了交易范围，与此同时，既加速供给对需求的反应，又降低交易成本。相对而言，意大利电子市场还没有全面打开潜力。

如今，许多大规模意大利公司在中国已经为谈判铺平了道路，2019 上半年意大利对中国的出口量为 73.3 亿美元。然而中小企业是意大利市场经济的主导力量，这类企业占全部企业数的 92%。在许多中小企业业主眼中，如果能扎根中国电子市场，就能得到跨越式发展的机会，可是资金短缺与电子商务上的薄弱阻碍了出口贸易规模的扩展，因而不敢越雷池一步。此背景下，中国领先的电子商务平台可以满足中小企业的需要，获得在中国生根开花的机会。从国家的层面来说，意大利还存在着一些阻碍市场快速电子化的问题，比如：消费者的老龄化、电子商务上的薄弱、资金短缺、放缓进展的官僚主义等。

随着中国经济的腾飞，对越来越多意大利商人而言，跟中国人开展贸易合作，在电子商务中分得一杯羹，这是千载难逢的好机会。与意大利相比，中国市场提供大规模的电子市场，中产消费阶层也有持续升温的需求和不断上升的购买力。因此，我们需要了解中国人电子商务平台上的购买行为，并结合相关的分析为意大利中小企业产品在华电商销售提供建议。

扩展中小企业的市场规模意味着扩展全国的市场规模。我们建议意大利中小企业充分利用中国全面发展的电子销售渠道，与此同时，凭借外需促进国内经济。鉴于电子商务时代是一种“以顾客为中心”的时代，我们希望通过数据分析，获得对意大利中小企业在华销售的启示，以服务于意大利产品的电商销售。

2020 年，意大利国家统计局（ISTAT）发布了最新企业统计报告，报告结果提供了许多有助于此项研究的信息，尤其是关于企业的经济现状与它们的竞争优势。《24 小时太阳报》（意语：Il Sole 24 Ore）是意大利的一份重要商业报纸，而且是意大利的主要经济媒体，2020 年《24 小时太阳报》上发布的《Quanto conta in Italia il 92% delle aziende attive sul territorio?》阐述了意大利中小企业对全国经济的重要性。Marco Fortis，这位意大利经济学家在他的《Le due sfide del Made in Italy: globalizzazione e innovazione》一书中，对于国际市场上 Made in Italy 的地位进行了具体的分析，并将 Made in Italy 分为四类商品：时装、家装、机械与饮食。本文以 Fortis M. 的理论为参考，把设计调查问卷作为重要的一部分，换言之我们将研究的焦点放在最适合零售的三种 Made in Italy 类型产品上（即，时装、家装与饮食）。

就顾客网络购买行为的研究而言，徐晓星的《顾客网络购买行为分析》与叶文的《网络消费者购买行为分析》两篇文章具有重要的参照意义。徐文认为，电子商务时代的顾客占据主要地位，强调需求上顾客和顾客呈现出的差异性。叶文认为，消费者的不同购买行为取决于两种因素，即个人因素和外部因素。

本文以调查法为支撑，包括：材料调查与问卷调查。此项研究根据调查材料，对意大利中小企业进行了分析。以意大利中小企业分析结果为出发点，本文对于中国消费者电子商务平台上的消费习惯进行了分析。此项采用调查问卷的方式，对 91 位消费者进行问卷咨询，其中有 52 位女士和 39 位男士填写调查问卷。问卷调查涉及消费者的基本特征（性别、年龄阶段、地区、职业、收入、学历等）、选择倾向（对于电子商务平台及其功能、意大利商品的消费、Made in Italy 的“感觉”和 Made in Italy 的优势等）和购买习惯（平台选择倾向、消费额度、购买意愿、购买频率等）。

二　意大利中小企业的分析

2.1　意大利中小企业经济的主要特征

中小企业（意：PMI，英：SME），是指在意大利资产年度负债总额不超过50亿欧元的企业，人员不超过250位的企业。微型企业，是指资产年度负债总额不超过2亿欧元、人员不超过10位的企业。2019年，意大利中小企业所占比例为全部企业数的92%，中小企业的员工所占比例为就业人口总数的82%，并且，经济附加值（EVA，Economic Value Added）所占比例为84.4%。

从意大利企业特质方面来看，意大利企业的经营方式构成有一些独特之处。意大利有着海量的私营独资企业与家族企业，2018年这些企业所占的比例是全部企业数的75%。与此同时，这两种类型的企业在微型企业所占比例为78%、小型企业所占比例为66%、中型企业所占比例为51%，与此相反，大型企业所占比例是最小的，仅占37%。此外，私营独资企业与家族企业中，世代交替比较迟缓，自营最多。从2013年至2018年仅有8%的微型企业、12%的小型企业及15%的中型企业进行了世代交替。据悉，2018年意大利微型企业的全体依靠自主经营，依靠专业管理人进行专业管理的小型企业极少，所占的比例为2.6%，最后，专业经营的中型企业所占的比例为9%。事实上，企业越小交替越慢、自营越多。

2.2　意大利中小企业零售商品结构与“Made in Italy”

意大利产品多元，实体经济兴旺发达，是欧盟内第二大制造业国。在国外市场上，中等技术含量产品与投资产品占有相当份额，但高等技术产品所占的份额不大。主要工业有：建筑、汽车制造、家用电器、电子仪器、设备、机械、纺织、服装、家具、食品、饮料、烟草、造纸等。意大利中小企业商品专业性比较高，适应能力比较强。

此外，传统产品以出口为导向，尤其鞋包、服装、纺织、首饰、食品、酿酒、家具、厨卫、瓷砖、机械等占据国际主导地位。从品牌的国际知名度来看，意大利的传统产品已经建立了良好的口碑，形成了“Made in Italy”品牌效应。经济学家Fortis M. 将Made in Italy分为四类商品：时装、家装、机械与饮食。据2011年毕马威（KPMG）咨询公司消费者调查的报导，意大利制造（Made in

Italy）本身被评为一个品牌。据悉，这一品牌在全球范围内仅次于可口可乐和Visa，在影响力最强的品牌中排名第三。

Made in Italy 概念的面世是与二战后经济复苏和中小企业的历史关涉的。那时的中小企业生产不能多元化，也不能进行量产，只能生产数量有限的特殊物品，这些产品不仅颇有特异的风格，而且具有高专业性与高质量的特点。随着战后经济的复苏，新社会阶层出现了，由于中小企业产品的这种特异性，中产阶层将他们的产品看成 Made in Italy 的代表，也是社会地位的象征，这就促成了中小企业产品的成功。

综上所述，意大利私营独资企业与家族企业世代交替比较迟缓，企业越小交替越慢、自营越多。在此背景下，由于从传统到现代的文化转化进程比较顺利，使得中小企业成为了因悠久传统而受尊重的传统守护者。不过，下述的第四段落中，我们会更详细地阐明这个“传统守护者”是一把双刃剑。

2.3　意大利中小企业及其产品和服务的竞争优势

首先，质量优势。2019 年，71% 中小企业将质量看作是它生产的商品或它提供的服务的竞争优势。在国际市场上，Made in Italy 的鞋包、眼镜、陶瓷地砖、水龙头、意面、腌肉等产品以超等质量而著称。

其次，专业优势。对中小企业而言，掌握专业本领是重点，49% 的公司认为高专业性与专业人才是企业的主要竞争优势。意大利生产传统产品的企业更注重引进高层次专业人才。

最后，价格优势。36% 的小型企业认为价格是公司主要竞争优势之一，与此相反，仅有 25% 的大型企业将价格认作公司的优势之一。和大企业相比，意大利中小企业能为消费者提供更优惠的价格，能更有效地保持质量与价值的平衡。

2.4　意大利中小企业的竞争劣势

第一，资金短缺。资金有限是意大利中小企业的固有特征，而现在又受到其他内在因素的影响，这种劣势变得更明显。私营独资企业与家族企业因为资金不足往往会导致一些惧怕市场的心理，阻碍企业的发展，让企业不敢冒险，也无法克服债务危机以及应对市场风险，这种资金劣势也就变成了一种经营心理的劣势。

第二，进展迟缓。中小企业的发展速度受到内在因素与外在因素的不良影响。从内在方面来看，迟缓的世代交替是阻碍企业发展的障碍之一，现在新生代接管意大利中小企业通常很晚，这使得他们不能充分发挥他们潜力，该现象也不利于企业对市场的快速反应；从外在方面来看，复杂的政治体制与官僚主义，不利于政治家们与教育部门对企业需求进行快速反应，因此，在现代因素的挑战下，意大利不能全速前进。此外，意大利总人口继续呈下降趋势，人口老龄化严重，老龄化程度仅次于日本，位居全球第二。2019 年 65 岁以上人口为 1300 多万，占总人数的 23%，相比之下，14 岁以下人口只有 800 万，占总人数的 13%。这种人口比例反映了意大利的老龄化问题，这也直接导致了新生力量不足，影响了意大利加入电子商务市场的进程。

在此背景下，企业实现电子化商业才是成功的秘诀。就意大利企业而言，电子商务的实现，不仅表现对外界的贸易电子化，也能解决成本高、利润低、技术落后、竞争力弱等问题。就解法办法而言，国家与教育部门应该加速对市场需求的反应，与此同时，中小企业应该投入到电子商业，给年轻员工更大的空间，并给他们参与决策的机会。

尽管如此，最近意大利进行了改变。虽然遭受了较为严重的疫情影响，各方面工作都受到了沉重的打击，但政府也立即响应，积极行动起来。与此同时，疫情也使中小企业开始正视自己的缺点。

2.5 分析意大利中小企业的意义

首先，调查数据显示，中小企业可以反映意大利经济的基本特征，其潜能代表了全国的潜能，其发展代表了全国的发展。考虑到中小企业的重要性，我们将调查研究的焦点放在它们的生产上，因此，此项调查研究以意大利中小企业的分析为基础和起点。

再者，与意大利相比，中国电子市场越办越兴旺，规模越来越大，中国领先的电子商务平台能为商人提供火热的销售平台。意大利中小多元生产中，主要是以传统产品、以出口为导向，并且 Made in Italy 的品牌具有制定战略的迫切需求。考虑到所有上述情况，我们把研究的重点放在最合适零售的 Made in Italy 品牌上，这主要由三类商品组成：时装、家装与饮食。

三　顾客网络购买行为的研究

在购买行为分析的过程中，我们应该注意到，每位顾客都是一个细分市场，受到不同外部和个人因素的影响。其中，外部因素涵盖了文化、参照群体、营销的影响等，个人决定因素涵盖了性别、年龄阶段、受教育程度、可任意支配收入等。此外，每一位顾客的需求呈现出明显的差异性，再者，随着经济全球一体化，根据自己需求存在的差异性，线上每个人都能在全世界范围内评选消费品，从而选用合适的电子商务平台。因而，每个企业都会有各自注重的消费者客户群。另外，随着生活水平和服务效率的提高，顾客的购买力和选择余地也在变大，现代电子商务时代实际上也正是一种“以顾客为中心”的时代。因此，在力争先进的中国，企业也应该与时俱进。

综上，中国人电子商务平台上的购买行为及其对于意大利零售商品的需求，是本次研究的焦点。此项研究采用调查问卷的方式，对 91 位消费者进行问卷咨询，其中有 52 位女士和 39 位男士填答调查问卷，问卷调查涉及消费者的基本特征（性别、年龄阶段、地区、职业、收入、学历等）、选择倾向（对于电子商务平台及其功能、意大利商品的消费、Made in Italy 的“感觉”和 Made in Italy 的优势等）和购买习惯（平台选择倾向、消费额度、购买意愿、购买频率等）。本文将焦点放在性别和年龄阶段上，其他基本特征有助于确定数据的含义，为数据研究提供完整的上下文。此选择的理由有两个：第一，调查结果显示了性别和年龄等因素对于受调查者的购买习惯产生很大的影响；第二，有助于企业圈定最合适的目标客户。此外，在年龄的统计里，因数量太小而无统计学意义，没有计算 50 岁以上受调查者的回答。

下面，我们将对此项调查结果以数据的形式进行呈现和分析，提要钩玄、取其精华，并将各种搜集的材料连贯起来考虑。希望通过数据分析，获得对意大利中小企业在华销售的启示，以服务于意大利产品的电商销售。

3.1　性别对选择倾向的影响及“她经济”现象

针对消费者男女两性的区别对购买行为产生的影响，我们进行了调查研究。调查问卷结果显示，被调查的 52 位女士和 39 位男士对于意大利商品消费的选择倾向和购买意愿，既有相同的一面，也有不同的一面，结果如下。

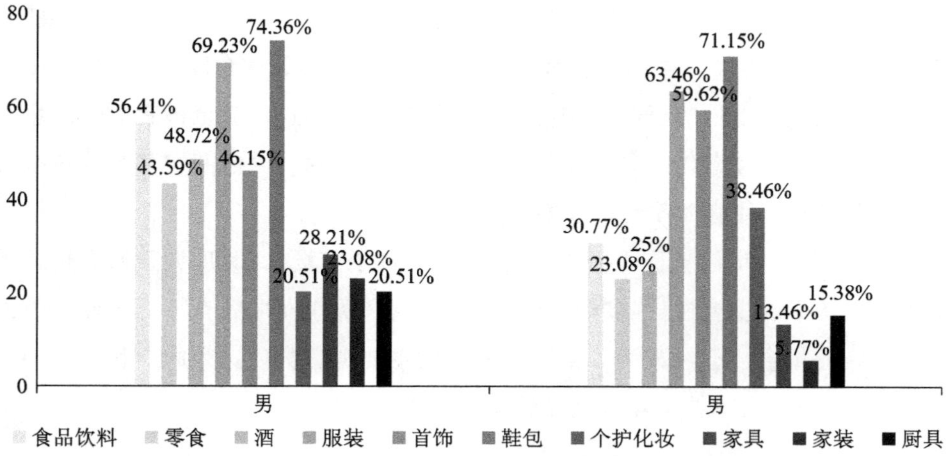

图 1　关于男士和女士对于意大利商品购买意愿的统计

如以上图 1 所示，就意大利商品消费的选择倾向与购买意愿而言，可知被调查者中，中国的男士和女士既有大致相同的一面，也有很大区别。相同方面是，在一定程度上，意大利制造的鞋包和服装都能激发男女的兴趣。总的来说，鞋包在两类人群中都占据领先地位，对鞋包感兴趣的人占总人数的 73%，为数据最高。此外，服装也占据主要地位，所占的比例为 66%；首饰排名第三，也是最吸引中国人消费者的意大利商品之一，仅次于鞋包和服装，比例为 53%。由此可见，最合适零售的 Made in Italy 三类商品中，时装占据领先地位。与此同时，男女在选择倾向上也不尽相同，男女之间的差异性体现在，与男性相比，喜爱意大利首饰的女性占据了 14 个百分点，相反，对中国男性而言，更值得购买的是意大利生产的佳肴美酒。

如图 1 所示，从各类商品的占比来看，与女士相比，男性的兴趣范围相当广泛，中国男士对于 Made in Italy 时装、饮食以及家装表现出浓厚的兴趣。男士倾向选择的商品中，饮食所占的比例较大，涵盖了食品饮料、酒和零食，分别占 56%、49% 和 44%；相反，女性倾向的商品中，时装所占的比例较大，涵盖了鞋包、服装、首饰和个护化妆，分别占 71%、64%、60% 和 39%。换言之，女性对于时装表现出特殊兴趣，倾向选择时尚服饰和美妆类的意大利商品。相同的是，中国男士和女士对于在意大利制造的家装感兴趣的比例是最小的，不过，对于 Made in Italy 的家具、家装和厨具，男士的兴趣还是达到了一定的比例，分别占 28%、23% 和 21%，相反，对于这三种商品感兴趣的女士极少。

由此可见，中国男士和女士既有大致相同的一面，也有极大区别。男性的兴趣范围比女性的更广，中国男性对于 Made in Italy 时装、饮食以及家装表现出了较浓郁的兴趣，女性对于时装类的商品表现出特殊兴趣，甚至情有独钟。意大利中小企业的市场营销一定要根据男女之间的差异性，以便圈定营销的核心客户群，并采取一种消费者至上的营销战略。

2019 年，新华日报称“抓住‘她’，就抓住了市场”。此项调查研究也显示了“她经济”的重要性，随着经济地位的提高，现代女性拥有了更丰厚的收入和更有利的机会，已经成为了中国经济中的主要消费群体。为此，我们在问卷调查中测试了潜在客户对不同商品的反应，结果如下。

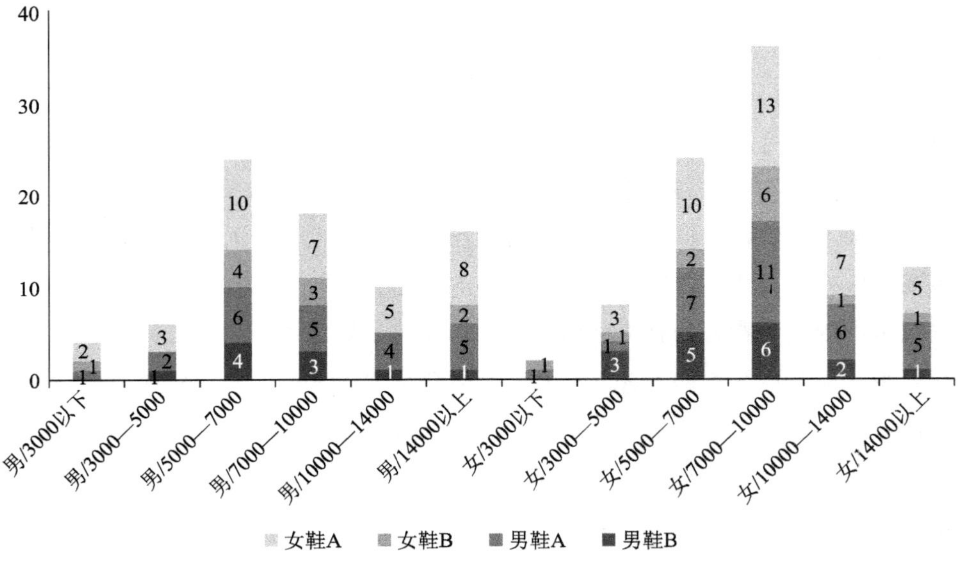

图 2　男性和女性对不同商品的反应

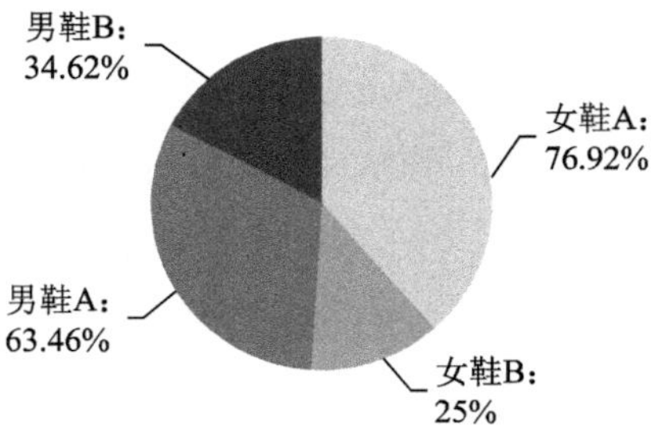

图 3　女性对商品的反应

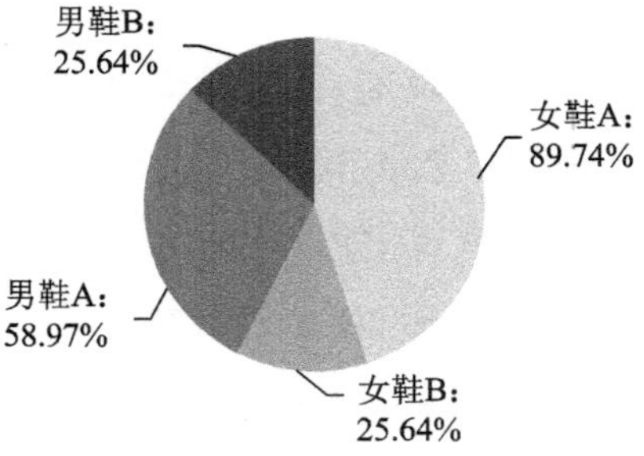

图 4　男性对商品的反应

此项问卷调查中向被调查者介绍了四个商品：女鞋 A 和男鞋 A 是在意大利制造的，它们网店颇有文化特色、操作很美观，此外，网店物品质量良好，总体上，品牌定位在高档精品产品的领域，价格为 298 元；女鞋 B 和男鞋 B，是在中国制造的，网店和物品一般，鞋的外观跟 A 鞋同样，价格为 168 元。我们要求被采访者在四双鞋中选买两双，一双是为他们自己买的，一双是要送给男 / 女朋友。该图提供了有用的说明信息，显示了两个不同行为模式。

一方面是女性的反应：77% 的女性为自己选买 A 鞋，仅有 64% 的女性给男朋友买 A 鞋；另一方面是男性的反应：59% 的男性为自己买 A 鞋，被调查者中买 A 鞋送给女朋友的男性所占的比例达到 90%。合理的逻辑是，在一定的程度上，收入能影响被调查者的选择。但是，如图 2 所示，无论收入丰厚还是微薄，总趋势还是保持一样的方向。由此可见，社会角色还产生巨大的影响，无论收入丰厚还是微薄，男性还是希望给恋人买贵重礼物，以便展示他们的爱情，相反，现代独立自强的女人，享受她们的良好经济状况，但对于给爱人礼物不一定感到有回报的需要。因此，意识到女性愿意高消费，甚至男性比女性更愿意为她们高消费，企业必须改进传统的市场定位策略。

3.2　年龄对中国市场购买倾向的影响及“新青年市场”现象

还有一个很值得讨论的问题是性别和年龄因素对于购买意愿的影响，针对该问题，本文进行了调查研究，如下表 1 所示。

表 1　关于性别和年龄因素对于购买意愿影响的表格

X\Y	食品饮料	零食	酒	服装	首饰	鞋包	个护化妆	家具	家装	厨具
男 21~30	76.92%	61.54%	61.54%	61.54%	53.85%	76.92%	38.46%	46.15%	30.77%	23.08%
男 31~40	47.37%	36.84%	42.11%	68.42%	47.37%	78.95%	10.53%	21.05%	21.05%	15.79%
男 41~50	33.33%	16.67%	33.33%	83.33%	33.33%	66.67%	16.67%	16.67%	16.67%	33.33%
女 21~30	18.18%	36.36%	27.27%	72.73%	81.82%	72.73%	45.45%	9.09%	9.09%	9.09%
女 31~40	34.78%	30.43%	30.43%	69.57%	56.52%	82.61%	43.48%	8.70%	8.70%	17.39%
女 41~50	38.46%	7.69%	23.08%	53.85%	61.54%	53.85%	15.38%	23.08%	0%	15.38%

如该表所示，很多数据再一次回到男性和女性之间存在的区别上来，显示了中国人的代际差距对于购买习惯产生的重大分歧。

第一，从消费者消费行为的变化发展来看，该表男性和女性消费习惯的数据呈现出两个相反的趋势。男性随着年岁的增长，对于属于饮食种类商品的兴趣逐渐淡薄，对于意大利服装的兴趣逐步增加。相反，女性随着年龄的增长，对于属于食品饮料的兴趣逐渐增加，对于意大利服装、首饰和个护化妆的兴趣逐步淡薄。

第二，表 1 还显示了其他有用的信息：无论是男性还是女性，新青年的购买行为跟稍长的中年人显示出重大分歧。中国 90 后、00 后年轻人随着生活水平的提高、社会快速发展和全球一体化，拥有了更有利的机会。再者，独生子女政策对于家庭经济产生了巨大的影响，导致了年轻人高消费的现象，不仅如此，越来越看重自己个性的年轻人，通过消费品满足他们表达自己的需求，换言之，中国年轻人成为了当代社会主流的消费群体。

数据还表明，无论是男性还是女性，中国新青年对于 Made in Italy 服装、首饰、鞋包、个护化妆和零食都颇有兴趣，其中，男士对于家具、家装和厨具表示了一定的购买愿意。由此可见，在时代潮流的影响下，年轻人通过外表表达自己的个性，因而很注重时装类型的商品。在意自己的外表已经成为了一种趋势，男士也不例外，男士开始对服装、首饰和护肤表示特殊兴趣，此外，由于生活压力较大，与稍长的中年人相比更常吃零食。最后，越来越多 90 后、00 后的年轻人即将独自生活，而迅速成为家具和家装的核心消费群体。根据尼尔森最近发布的《2019 中国年轻人负债状况报告》，目前 90 后、00 后约占总人口的 24%，社会主流消费人群逐渐从 70 后、80 后向 90 后、00 后快速转移。基于此，我们认为对目标消费群体应进行合理调整，须将注意力集中在青年市场上。以海尔旗下年轻品牌 Leader 作为例子，它专注年轻细分市场 10 年，2019 年一年时间内，中国新青年消费者就花了超过 100 亿元人民币在该品牌身上。

3.3 顾客对于网络购物平台和意大利商品的购买倾向和习惯

针对顾客对于网络商务平台和意大利商品消费的倾向，本文进行了调查研究，研究结果如下。

（1）用户的倾向。关于顾客对于网购平台的选择倾向，报告显示，被调查者总人数中，平常使用淘宝和京东所占的比例达到 89%，为数据最高，天猫排名第三，比例为 70%，此外，这三个平台上消费者消费额度最高，其他按以下顺序，唯品会、拼多多、亚马逊和当当，分别占 40%、36%、31% 和 23%。中国消费者眼中，淘宝网不但提供很便宜的商品，而且发货很快，可是质量不佳；京东不但极可靠，而且提供的商品品质好；就可靠性和质量而言，天猫仅次于京东。此外，调查还表明拼多多提供特别便宜的商品，可是它们的质量低下，亚马逊提供质量优良的产品，但与别的平台相比，价格更高、发货更慢。

由此可见，意大利中小企业首先应考虑每个平台的优点和缺点，以便评选那些能符合公司要求的网络销售平台。譬如，淘宝上的市场范围广大，可是因为假货太多，外企首先应该创造良好的声誉，才可赢得客户的信任和承认；京东上，外企都必须符合较严格的条件，才可以进行销售，而且，该商务平台上，竞争压力较高，但可更快赢得广大客户的信任与支持。

（2）用户的购买习惯。针对中国男女消费者不同商务平台上的购买习惯，进行了调查研究，下图 5、6 表示研究结果。

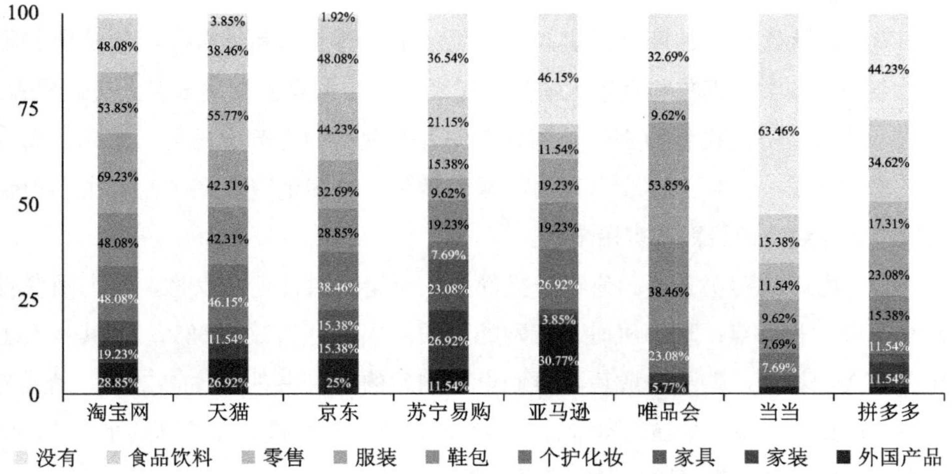

图 5　女性不同网络商务平台上的消费习惯

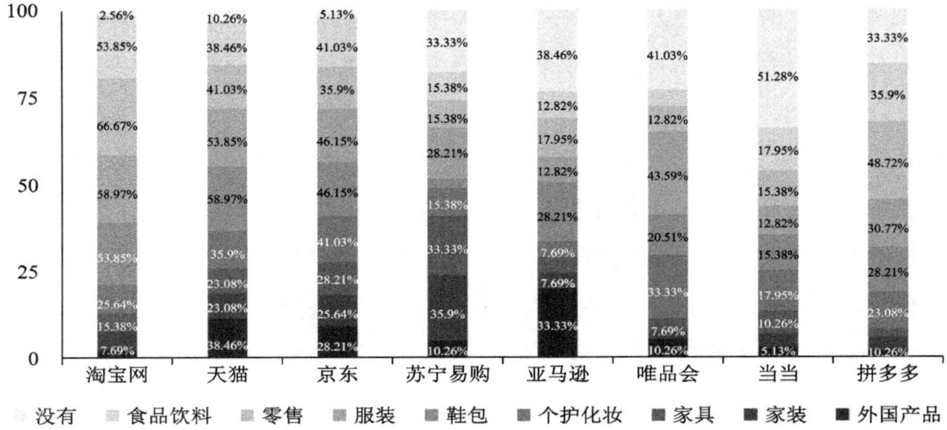

图 6　男性不同网络商务平台上的消费习惯

如图 5、6 所示，就服装类的商品而言，消费者平常都使用淘宝网，再者，和男性相比，女性在唯品会上多购买服装，天猫上多购买鞋包，较少使用京东。由此可见，用户偏爱不仅为他们提供多样的选择，而且提供比较优惠的价格的平台，女士尤其如此。个护化妆也不例外，女性常使用淘宝、天猫、京东和亚马逊，男性常使用的可靠的商务平台有京东、天猫和唯品会。

另外，就饮食类的商品而言，报告显示了饮料食品和新青年喜欢消费的零食主要是在淘宝、天猫和京东上购买；再者，49% 的男性在拼多多上买过零食。最后，就家装类的销售而言，被调查者中最常使用的是苏宁易购、京东、淘宝和天猫。在这一方面，苏宁易购占据领先地位，许多消费者在该平台上不但买过家具和家装，而且购买家用电器。

（3）用户的购买方式。值得一提的是，无论是男性还是女性，线上消费行为都有极大相同点：玩手机时也有网购习惯的人占总人数的 68%，尤其是女士和青年人，相反，购买完成后不再刷电商网站的人仅占总人数的 29%，尤其是男性。调查还发现，中国消费者喜欢为用户提供比较大量商品的网购平台，83% 的人每次购买之前都会比较同类商品的优势。

此外，调查发现，就促销方式而言，无论是男士还是女士，83% 的消费者都注意到网店打折，免邮费也有比较大的吸引力。另外，男士特别喜欢网店给他们送份礼物。这一点值得意大利企业思考，因为，意大利企业的营销战略一定要取决于中国消费者的购买方式。

（4）用户对于意大利商品的购买习惯。针对意大利商品的购买习惯，我们也进行了调查研究。首先，报告显示，许多人买过意大利制造的产品，他们所占的比例为 74%。其中，在实体店买过的人占总人数 64%，通过微店或代购买过的人占总人数的 45%，微店越来越潮流，在电子商务平台上购买意大利产品的人占总人数 38%。当受调查者被问及“网购外国商品时最注重的是什么”，正品排名第三，仅次于价格和品牌，其他按以下顺序依次降序排列：评价、外观、材料、绿色环保和快速发货，它们平均综合得分为 5.22、4.97、4.05、3.38、3.14 和 0.07。

由此，我们推断中国消费者不是对意大利制造的商品缺乏兴趣，而是由于以假乱真的商品太多使得顾客缺乏信任，倾向于实体店而不是代购作为渠道。

值得一提的是，受教育的程度和居住地对于意大利商品的购买行为在一定程度上也会产生影响。下图 7、图 8 是针对该问题搜集的数据。

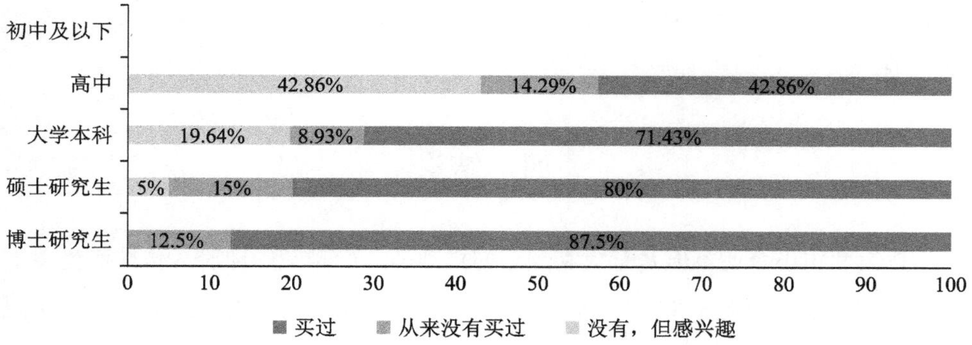

图 7　关于教育程度和意大利商品消费关系的数据

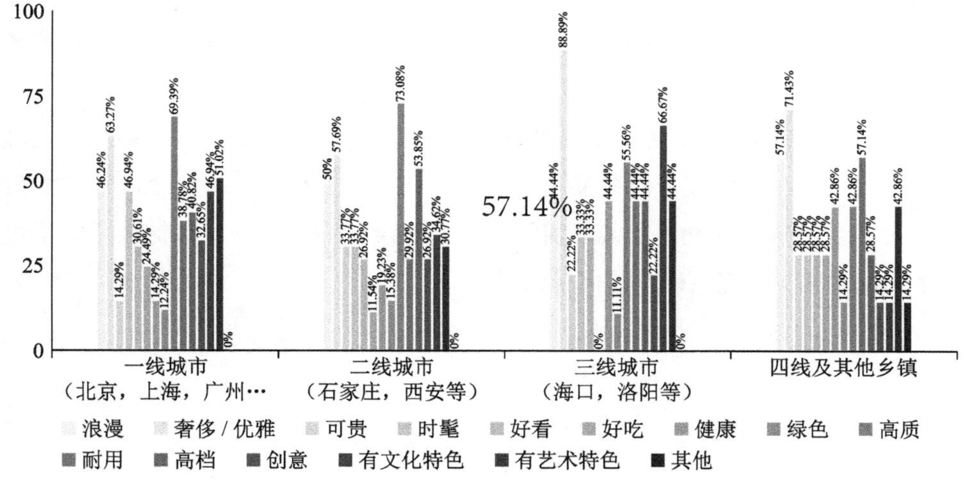

图 8　关于城市和意大利商品消费关系的数据

图7很清楚地表示，消费者良好的教育背景关系到意大利商品的消费习惯。再者，受调查者中住在四线城市特别是乡镇的人从来没有买过意大利商品，不便的交通与收入差距也许是最大的障碍。

此外，如图8所示，调查研究也呈现出居住地影响到消费人眼中Made in Italy商品的优势。接受调查者之中，对住在一二线城市的人而言，占据主要地位的优点是高质量，比例为68%，还有62%的被调查者认为意大利商品是奢侈品，Made in Italy的创意性也较重要。相比之下，住在三四线城市的80%被调查者认为购买意大利商品是一种奢侈行为，仅有49%的人觉得高品质是意大利商品的优点。有趣的是，在许多农村消费者看来，意大利商品具有经久耐用的特点。

由此可见，居住地影响消费者对意大利商品的看法，这种现象在一定程度上反映出一二线城市跟三四线城市的收入差距、获得资源机会的差异以及不同生活习惯。

四　结论

意大利中小企业不但是意大利经济的推动力，而且是体现悠久传统而受尊重的传统守护者，由此看来，Made in Italy商品在全球市场上占据战略地位。中国领先的电子商务平台可为它们提供发挥潜能的机会，可满足意大利中小企业大规模市场较低成本的需要，扎根于中国市场中就能获得跨越式发展、繁荣国家经济的机会。此背景下，Made in Italy与意大利中小企业的电子化很可能是成功的秘诀。

此项研究的重点放在最合适零售的Made in Italy的三类商品上，这三类商品是：时装、家装与饮食。时装涵盖了服装、鞋包、首饰和个护化妆，饮食涵盖了零食、食品饮料和酒，家装涵盖了家具和家装。为了便于了解调查研究呈现出的最基本结果，提出以下模式（如图9）：

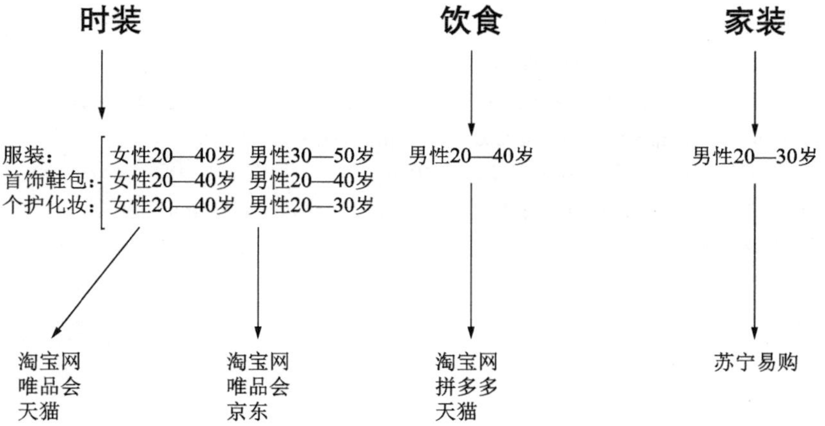

图 9　Made in Italy 商品类型、核心客户群和平台的模型

报告显示，中国消费者对于时装类的商品颇有兴趣。与此同时，我们的调查分析还显示了新兴女性市场的重要性。女性对于时装表示出特殊兴趣，甚至情有独钟，尤其是 20 ～ 40 岁的女性；而男性的兴趣范围相当广泛，对于时装、饮食以及家装表示出浓厚的兴趣。根据研究结论，就饮食和家装而言，中国新青年已经成为了社会主流的消费人群。

每一位顾客的需求呈现出明显的差异性，随着经济全球一体化，根据自己需求存在的差异性，线上每个人都能在全世界范围内评选消费品，并选用合适的电子商务平台，因而，每个企业都会有各自注重的消费者客户群。淘宝网、京东和天猫是全面开花的平台，能满足多层次的需求，因而博得了广泛的赞扬，而另一些平台，如唯品会、拼多多和苏宁易购，能满足某一或者某些方面的需求。研究结果还表明，消费者对很多网购平台的入驻网店的安全感是优先考虑的问题，因而，这也是外企应优先解决的问题。在此背景下，选取可靠网购平台尤其关键，这样才能更快赢得广大客户的信任与支持。

综上所述，将 Made in Italy 出口到中国不但会激发中国消费者的兴趣，甚至会让意大利中小企业开花结果。中国丰富多彩的市场上，意大利中小企业应考虑每个平台的每项优点和缺点，以便评选哪些能符合公司要求，以此作为网络销售平台和营销战略的最佳选择，找到通向成功的道路。

参考文献

徐晓星，顾客网络购买行为分析 [D]. 洛阳师范大学，2014.

Pmi, quanto conta in Italia il 92% delle aziende attive sul territorio?, il Sole 24 ore, 2020.

Istat, censimento permanente delle imprese 2019: i primi risultati, 2020.

意大利国家概况，中华人民共和国外交部，2019

Fortis Marco, Le due sfide del Made in Italy: globalizzazione e innovazione, 2005.

叶文. 网络消费者购买行为分析 [J]. 上海大学学报（社会科学版），2001(04):51-55.

指导教师：郝锐

首都师范大学留学生对旅游 APP 的使用情况调查

李伊拉

（国际文化学院 2018 届本科生　哈萨克斯坦）

一　绪论

1.1　选题缘由

本人很喜欢旅游，来中国之前本人去旅游的时候一般通过旅行社，一直没有使用过旅游 APP，也没有看过周边的人用旅游 APP，但是来中国以后发现绝大多数中国人去旅游的时候使用旅游 APP，所以也想试试使用旅游 APP。朋友推荐了几个旅游 APP，使用以后觉得旅游 APP 特别有用、方便。那时就想知道别的留学生旅游的时候是不是也常常使用旅游 APP。因为使用旅游 APP 在中国已经成为很普遍的现象，使用旅游 APP 的人也不断地增加。鉴于此本人想对留学生的旅游 APP 使用情况深入地调查。

为了使研究更深入，本人首先做了相关的调查问卷，然后根据调查数据对调查结果加以分析比较。

1.2　旅游 APP 简介

APP 是英文 Application 的简称，是指智能手机的第三方应用程序，统称“移动应用”，也称“手机客户端”。旅游类 APP 是指基于移动技术的旅游服务类产品，不仅方便用户查询、预订、购买各类旅游产品或分享旅游经历，而且依托对信息的集成，形成了功能各异的旅游 APP 产品模式。移动互联网的发展和旅游服务具有天然的吸引力，移动互联网的即时性使旅游类 APP 成为当前智慧旅游服务的新亮点。

1.3　研究方法

本人于 2018 年 10 月 8 日至 2018 年 10 月 14 日在首都师范大学校内做了一项关于首都师范大学留学生使用旅游 APP 情况的调查，采用了问卷调查的方法收集数据，并对所得数据进行统计分析。

本项调查所采用的问卷中共有 29 个问题，都是客观选择题。本调查所针对的对象为首都师范大学留学生，共 60 个人。共发出问卷 60 份，收回 60 份，均为有效问卷。

二　首都师范大学留学生使用旅游 APP 的基本情况分析

2.1　首都师范大学留学生选择旅游 APP 的情况调查及分析

现在旅游越来越普遍，有各种各样的旅游方式，为了了解留学生选择旅游 APP 的基本情况，我们做了一项这方面的调查。调查所针对的对象为首都师范大学的留学生，共 60 个留学生参与。其中女生 30 人，男生 30 人。意大利留学生 20 个，韩国留学生 20 个，哈萨克斯坦留学生 20 个。他们的年龄也不同，21 岁的 2 个，22 岁的 11 个，23 岁的 8 个，24 岁的 7 个，25 岁的 2 个。

我们的调查中所有的留学生都喜欢旅游。其中在中国平均一年旅游的次数一次到三次的有 38 个留学生，占总数的 63.33%；三次到五次的有 12 个，占 20%；五次以上的有 10 个，占 16.67%。可以看出，调查中的首都师范大学留学生都喜欢旅游。

关于首都师范大学的留学生在中国多长时间的问题，下面是我们得到的结果。

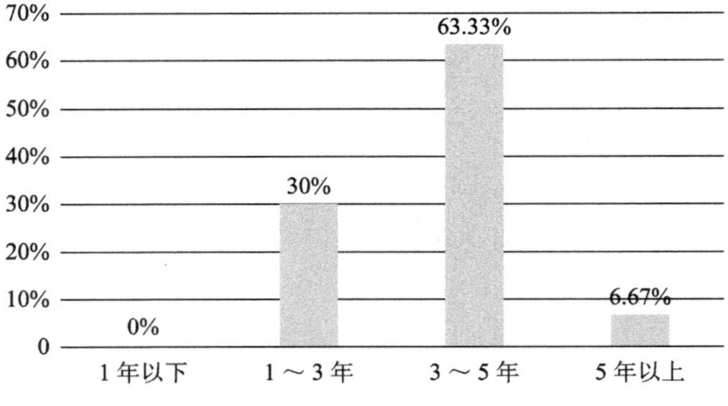

图 1　首都师范大学的留学生在中国的时间

由上面的图 1 可以看出，被调查的 60 个留学生中，在中国的时间 3 ～ 5 年的有 38 个，占总数的 63.33%；1 ～ 3 年的有 18 个，占 30%；5 年以上的有 4 个，占 6.67%；1 年以下的为 0。因为调查中的留学生在中国的时间比较长，有足够的使用旅游 APP 的汉语水平，所以他们在中国旅游时都可以使用中国的旅游 APP。

关于首都师范大学的留学生在中国最多的旅游方式，结果见下图 2。

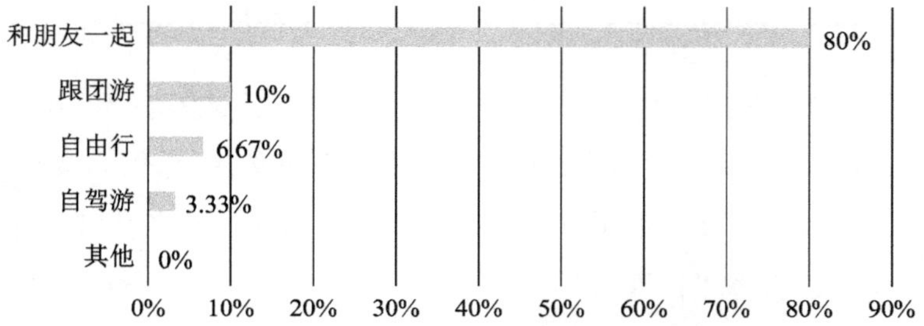

图 2　首都师范大学的留学生在中国最多的旅游方式

从上图可以看出，选择“和朋友一起”旅游的有 48 个，所占的比例最高，占总数的 80%；选择“跟团游”的有 6 个，占 10%；选择“自由行”的有 4 个，占 6.67%；选择“自驾游”的有 2 个，所占的比例最低，占 3.33%；“其他”为 0。大部分留学生选择的旅游方式是“和朋友一起”去旅游，因为和朋友一起旅游比较有意思，跟志同道合的朋友一起旅游，更容易尽兴。而喜欢“跟团游”的原因是，跟团游比较方便，旅游公司已经为你安排全部行程、票、宾馆等。你不用考虑任何东西，只要交钱就可以了。还有一些人喜欢“自由行”，这种旅游方式也是只要交钱就不用考虑任何东西，但比跟团游更自由，不用跟着团，自己想去哪儿就去哪儿。参与调查的 60 个留学生中，只有 2 个人选择“自驾游”。因为大部分留学生在中国没有自己的车，自驾游的话要租车，租车费比较贵，也需要办理很多手续，所以大部分留学生在中国旅游时选择其他的旅游方式。

关于首都师范大学的留学生在中国最多的旅游方式的性别比例，结果见下表。

表 1　首都师范大学的留学生在中国最多的旅游方式性别比例

旅游方式 / 性别	和朋友一起	跟团游	自由行	自驾游	其他
男	60%	20%	13.33%	6.66%	0%
女	100%	0%	0%	0%	0%

从上表可知，女留学生选择“和朋友一起”旅游方式的有 30 个，占女留学生总数的 100%。男留学生选择“和朋友一起”为旅游方式的有 18 个，占男留学生总数的 60%；选择“跟团游”的有 6 个，占 20%；选择“自由行”的有 4 个，占 13.33%；选择“自驾游”的有 2 个，占 6.66%。可以看出女性留学生在中国旅游的方式是“和朋友一起”，占 100%，因为他们认为和认识的人、自己的朋友旅游方式比较安全、放心。大部分男性留学生在中国最多的旅游方式也是“和朋友一起”旅游，但也有一些男留学生选择“跟团游”“自由行”和“自驾游”。

关于首都师范大学的留学生在中国获取旅游信息的方式，结果见下图。

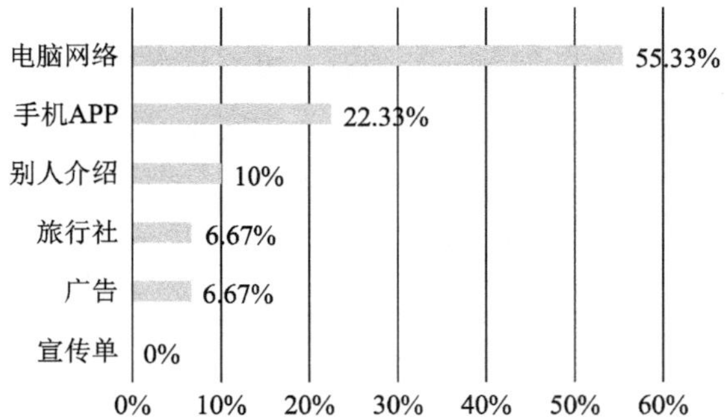

图 3　首都师范大学的留学生在中国获取旅游信息的方式

从图 3 可以看出，选择“电脑网络”为获取旅游信息方式的有 33 个人，占总数的 55.33%，成为最常用的方式；选择“手机 APP”的有 13 个，占 22.33%；选择“别人介绍”的有 6 个，占 10%；选择“旅行社”的有 4 个，占 6.67%；选择“广告”的也有 4 个，占 6.67%，成为最不常用的方式。

调查显示，大部分首都师范大学的留学生在中国获取旅游信息的方式是“电脑网络”，因为在电脑网络上可以查到最全面的信息和服务，所以大部分留学生从网络获取旅游信息。其次留学生获取旅游信息最少的方式有两个，一个是“旅行社”，因为大部分留学生在中国旅游时一般自己安排行程，不怎么去旅行社。另一个是“广告”，从广告里不能知道全面的信息，只可以知道一些基本的信息，需要获取具体的信息还是要上网查一查。其中还有 22.33% 留学生在中国获取旅游信息的方式是“手机 APP”，可见旅游 APP 虽然方便，但是并不是首都师范大学的留学生获取旅游信息的主要方式。

以下是首都师范大学的留学生知道旅游 APP 的途径。

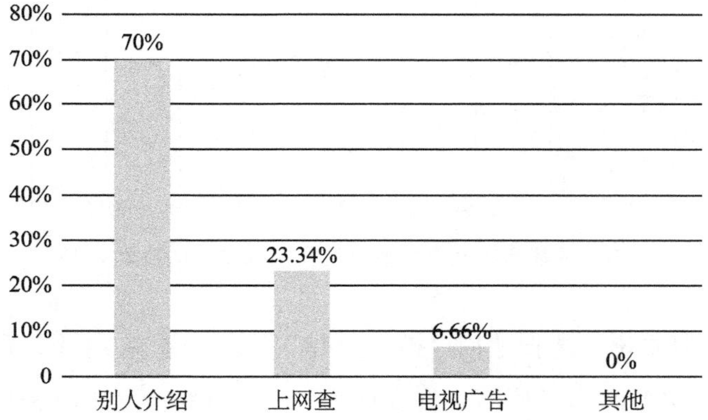

图 4　首都师范大学的留学生知道旅游 APP 的途径

从图 4 可以看出，留学生通过“别人介绍”“上网查”和“电视广告”知道旅游 APP。其中选择“别人介绍”为知道旅游 APP 的途径的有 42 个人，所占的比例最高，占总数的 70%，远远高于其他方式；选择“上网查”的有 14 个，占 23.34%；选择“电视广告”的有 4 个，所占的比例最低，占 6.66%。

本文发现，绝大多数留学生知道旅游 APP 的途径是“别人介绍”，这是因为留学生过集体生活，大部分留学生有属于自己的群体，例如本科生群体、自己国家的群体、朋友圈、社团的群体等，所以留学生之间很容易交流生活信息，也常从中国朋友那里了解生活信息。其次，可以看出，留学生知道旅游 APP 的最无效的途径是“电视广告”。

现在旅游很普遍，因为现在的人很注意享受，走出家门旅游的人越来越多，使用旅游 APP 的人数也越来越多。我们调查的 60 个留学生在中国旅游时都使用旅游 APP，其中在中国旅游时“经常使用旅游 APP”的有 36 个留学生，占 60%；“偶尔使用旅游 APP 的”有 24 个，占 40%；“没用过旅游 APP”的为 0。由此可见，中国的旅游 APP 在留学生中十分普遍。

关于首都师范大学的留学生在中国使用最多的旅游 APP，结果见下图。

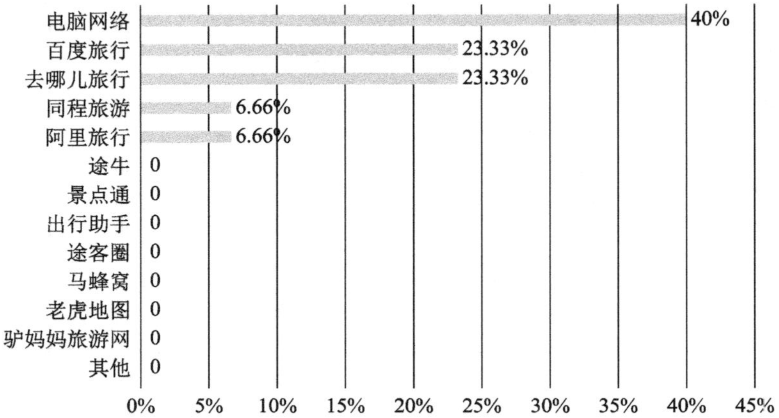

图 5　首都师范大学的留学生在中国使用的旅游 APP

由图 5 可以看出，选择使用“携程旅行”的留学生有 24 个，所占的比例最高，占总数的 40%；选择使用“百度旅行”的有 14 个，占 23.33%；选择使用“去哪儿旅行”的有 14 个，占 23.33%；选择使用“同程旅游”的有 4 个，所占的比例最低，占 6.66%；选择使用“阿里旅行”的有 4 个，占 6.66%。除了这几个旅游 APP 以外，选择使用“途牛”“景点通”“出行助手”“途客圈”“马蜂窝”“老虎地图”“驴妈妈旅游网”“其他”的为 0%。

为了了解留学生在中国的时间和留学生在中国使用最多的旅游 APP 有什么关系，本文把图 5 和表 2 放在一起分析。

表 2　首都师范大学留学生在中国使用最多的旅游 APP 与在中国的时间对比

时间 \ 旅游 APP	携程旅行	去哪儿旅行	百度旅行	阿里旅行	同程旅游
1～3 年	11.11%	33.33%	33.33%	0%	22.22%
3～5 年	47.37%	21.05%	21.05%	10.53%	0%
5 年以上	100%	0%	0%	0%	0%

由上表可以看出，参与调查的留学生中，在中国 3 ～ 5 年的有 38 个人，在这 38 个留学生中选择使用“携程旅行”的有 18 个，占 47.37%；选择使用“去哪儿旅行”的有 8 个，占 21.05%；选择“百度旅行”的有 8 个，占 21.05%；选择生使用“阿里旅行”的有 4 个，占 10.53%。在中国 1 ～ 3 年的有 18 个人，这 18 个人中选择使用“百度旅行”的有 6 个，占 33.33%；选择使用“去哪儿旅行”的有 6 个，占 33.33%；选择使用“同程旅游”的有 4 个，占 22.22%；选择使用“携程旅行”的有 2 个，占 11.11%。在中国 5 年以上的有 4 个，选择使用“携程旅行”的有 4 个，占 100%。

我们发现，使用“携程旅行”的留学生在中国的时间比较长，3 ～ 5 年以上。而选择使用“百度旅行”“去哪儿旅行”“阿里旅行”和“同程旅游”的留学生在中国的时间比较短，1 ～ 3 年。综上所述可以看出，在中国时间比较长的留学生选择使用的 APP，跟大部分中国人选择的旅游 APP 差不多，是“携程旅行”。可能因为这个旅游 APP 很多中国人都用，或者是他们通过自己的经验选出来的最便利的旅游 APP。而在中国的时间不太长的留学生使用“百度旅行”“去哪儿旅行”“阿里旅行”和“同程旅游”。可能因为他们在中国的时间不是很长，他们使用的那些旅游 APP 是他们的外国朋友给他们推荐的。

关于首都师范大学留学生选择使用旅游 APP 的主要原因，结果见下图。

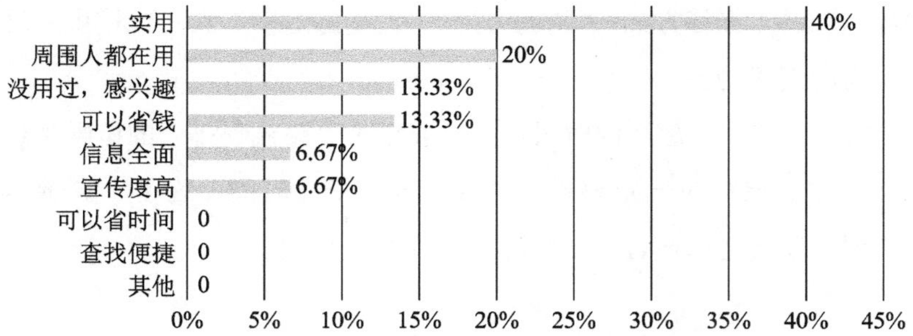

图 6　首都师范大学的留学生选择使用旅游 APP 的原因

从图 6 可以看出，调查中的留学生选择“实用”为使用旅游 APP 的原因的有 24 个，占总数的 40%；选择“周围人都在用”的有 12 个，占 20%；选择“没用过，感兴趣”的有 8 个，占 13.33%；选择“可以省钱”的有 8 个，占 13.33%；选择“信息全面”的有 4 个，占 6.67%；选择“宣传度高”的有 4 个，占 6.67%。

可以看出，因为旅游 APP“实用”，所以选择使用这款 APP 的留学生最多。

关于首都师范大学的留学生在中国旅游的时候第一要考虑的因素，结果见下图。

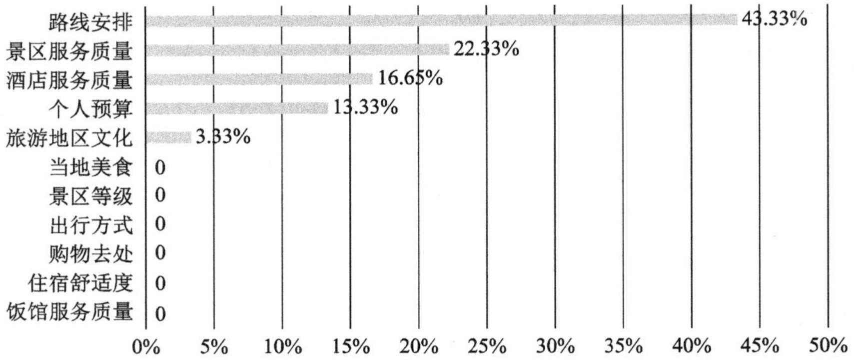

图 7　首都师范大学的留学生在中国旅游的时候第一要考虑的因素

由图 7 可以看出，留学生都使用旅游 APP，在我们调查的 60 个人中，选择“路线安排”为第一要考虑的因素的留学生有 26 个，所占比例最高，占总数的 43.33%；选择“景区服务质量”的有 14 个，占 22.33%；选择“酒店服务质量”的有 10 个，占 16.66%；选择“个人预算”的有 8 个，占 13.33%；选择“旅游地区文化”的有 2 个，占 3.33%。除了这几种主要因素以外，选择“当地美食”“景区等级”“出行方式”“购物去处”“住宿舒适度”和“饭馆服务质量”为第一要考虑的因素的占 0。

本文发现，在中国旅游的时候，第一要考虑“路线安排”的留学生最多。因为留学生在中国旅游时一定要设计路线、合理安排时间，为了不影响学习的时间，不旷课，还要选择适合自身状况的、优质的路线。

2.2　首都师范大学留学生使用旅游 APP 的情况调查及分析

调查显示留学生使用旅游 APP 很普遍。为了了解留学生使用旅游 APP 的情况，本文调查了首都师范大学留学生使用旅游 APP 的情况。被调查的留学生中，认为旅游 APP“比较有用”的有 30 个人，占 50%；“非常有用”的有 18 个，占 30%，“一般”的有 12 个，占 20%。

关于首都师范大学的留学生通常去哪儿旅游时使用旅游 APP，结果见下图。

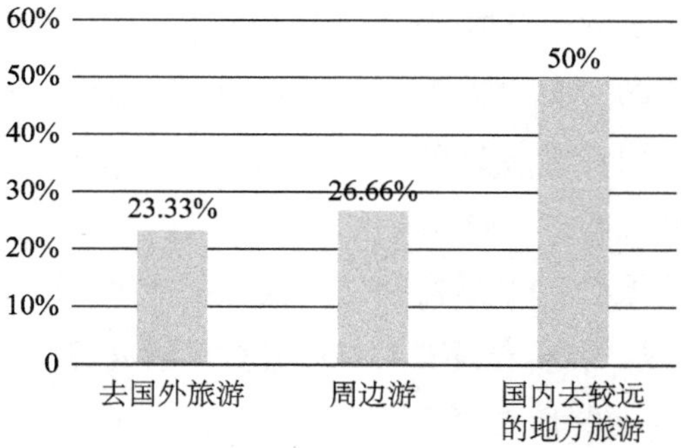

图8　首都师范大学的留学生通常去什么地方时使用旅游APP

从图8可以看出，选择“去国内较远的地方旅游”时使用旅游APP的有30个人，占总数的50%；选择“周边游”的有16个，占26.66%；选择“去国外旅游”的有14个，占23.33%。可以看出，大多数留学生“去国内较远的地方旅游”使用旅游APP，因为这些APP是中国的旅游APP，所以在中国使用比较方便。

为了调查留学生使用旅游APP之前和使用旅游APP后的情况，我们做了相关的调查。

关于首都师范大学的留学生使用旅游APP之前和使用旅游APP后在中国的旅游花费，结果见下图9。

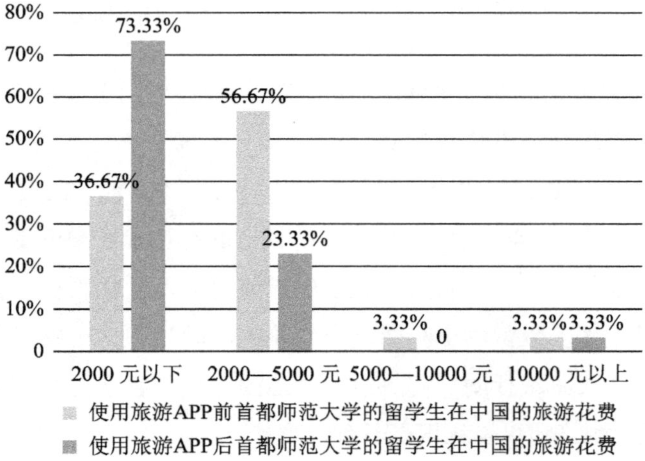

图9　首都师范大学的留学生使用旅游APP前后在中国的旅游花费

由上图可知，在使用旅游APP之前，留学生在中国平均每个人每次的旅游花费是 2000 ～ 5000 元的，占总数的 56.67%；2000 元以下的占 36.67%；5000 ～ 10000 元和 10000 以上的各占 3.33%。在使用旅游 APP 后留学生在中国平均每个人每次的旅游花费是 2000 元以下的占总数的 73.33%；2000 ～ 5000 元的占 23.33%；10000 元的占 3.33%。

可以看出，使用旅游 APP 后留学生的旅游花费明显减少了，这说明他们使用旅游 APP 后省了钱。但唯一没变的是旅游费比较高的留学生，他们使用旅游 APP 之前和使用旅游 APP 后在中国的旅游花费都为 10000 元以上。

关于使用旅游 APP 之前和使用旅游 APP 后留学生在中国更多和谁在一起旅游，结果见下图。

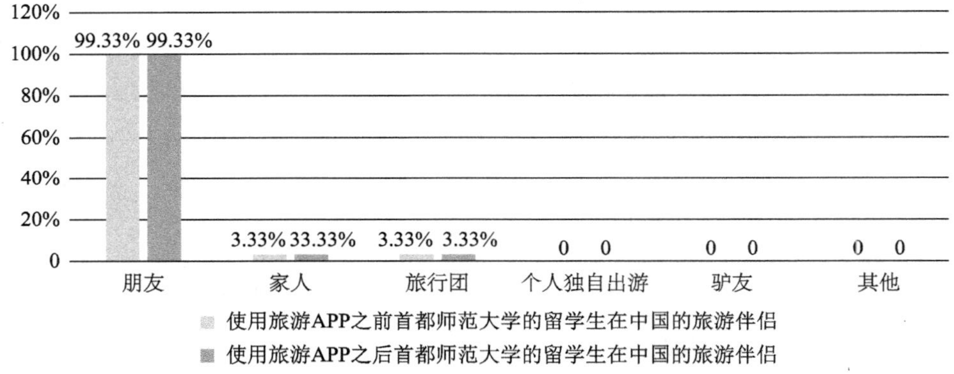

图 10　首都师范大学的留学生使用旅游 APP 前后旅游伴侣的对比

从图 10 可以看出，留学生使用旅游 APP 之前在中国更多和“朋友”一起旅游，所占的比例最高，占总数的 99.33%；和“家人”一起旅游的占 3.33%；跟“旅行团”旅游的占 3.33%；“个人独自出游”“驴友”“其他”的占 0。

调查结果显示，留学生使用旅游 APP 之前和使用旅游 APP 后在中国和谁在一起旅游没有任何变化。和家人一起在中国旅游的留学生很少，因为他们的家人很远，所以绝大多数留学生和朋友一起旅游，因为和自己的朋友旅游比较有意思，还有一些人跟旅行团一起旅游，可能因为他们喜欢这个旅游方式，觉得跟团游很方便，也许还可以认识很多新的朋友。

留学生最常从旅游 APP 获取以下方面的信息。

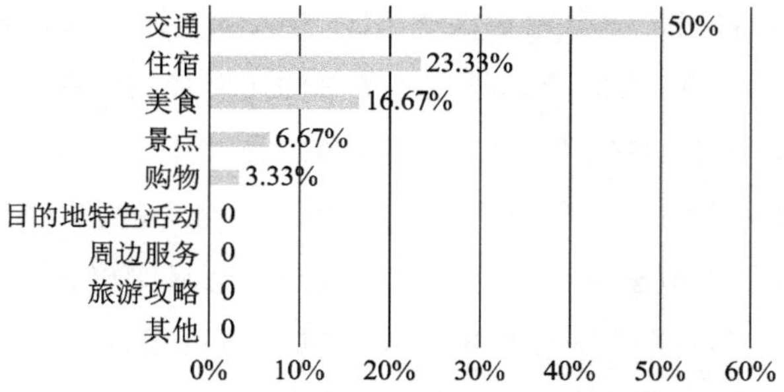

图 11　首都师范大学的留学生最常从旅游 APP 获取的信息

从图 11 可以看出，留学生中主要从旅游 APP 获取“交通”信息的有 30 个，所占的比例最高，占总数的 50%；选择“住宿”的有 14 个，占 23.33%；选择“美食”的有 10 个，占总数的 16.67%；选择“景点”的有 4 个，占 6.67%；选择“购物”的有 2 个，占 3.33%。除了这几个信息以外，选择“目的地特色活动”“周边服务”“旅游攻略”“其他”的占 0。

综上所述，在前面的图 7 的调查结果分析中，留学生在中国旅游时，第一要考虑的因素是“路线安排”，所以留学生最常使用旅游 APP 获取“交通”信息，使用旅游 APP 查看路线。

三　首都师范大学留学生对旅游 APP 的满意度及原因分析

3.1　首都师范大学留学生对旅游 APP 满意的方面及原因分析

为了了解留学生对旅游 APP 的满意度，我们做了一项这方面的调查，下面是我们得到的调查结果。

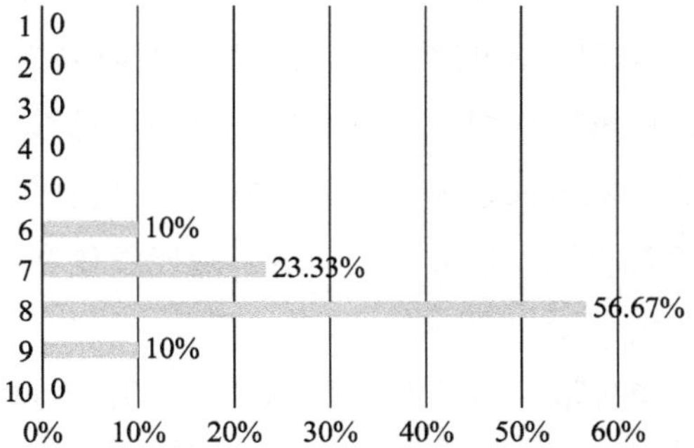

图 12　首都师范大学的留学生对旅游 APP 的满意度

由图 12 可以看出，留学生对旅游 APP 的满意度比较高。其中对旅游 APP 的满意度为“8 分”的有 34 个留学生，所占的比例最高，占总数的 56.67%；“7 分”的有 14 个，占 23.33%；“6 分”的有 6 个，占 10%；“9 分”的也有 6 个，占 10%；“1 分”“2 分”“3 分”“4 分”“5 分”和“10 分”的占 0。

我们发现大多数留学生对旅游 APP 的满意度明显比较高，为“6-9 分”，没有人选择“1-5 分”，所以没有对旅游 APP 的满意度很低的人，但也没人选择“10 分”，所以也没有对旅游 APP 完全满意的人。

为了了解留学生在什么方面更满意，本人调查了留学生对旅游 APP 满意的方面。

首都师范大学的学生最喜欢旅游 APP 的功能有以下几个。

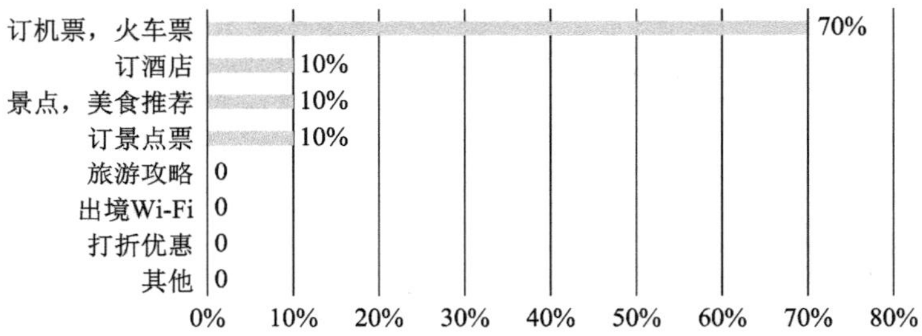

图 13　首都师范大学的留学生最喜欢的旅游 APP 的功能

由图 13 可以看出，选择“订机票、火车票”为最喜欢的功能的有 42 个人，所占比例最高，占总数的 70%；选择“订酒店”的有 6 个，占 10%；选择“景点、美食推荐”的有 6 个，占 10%；选择“订景点票”的有 6 个，占 10%；选择“旅游攻略”“出境 Wi-Fi”“打折优惠”“其他”的占 0。

从上述情况可知，留学生最喜欢的旅游 APP 的功能是订机票、火车票。因为使用旅游 APP“订机票、订火车票”不用专门抽时间去买票，排很长的队，花时间，亲自出门，你可以在家里打开旅游 APP 查看路线、安排路线、解决交通的问题、选择最适合的时间、最优惠的价格，轻松使用按钮订机票或者火车票。因为旅游 APP“订机票、订火车票”这个功能很便利，所以留学生最喜欢这个旅游 APP 功能。

以下是旅游 APP 最能满足留学生的需求的方面的调查结果。

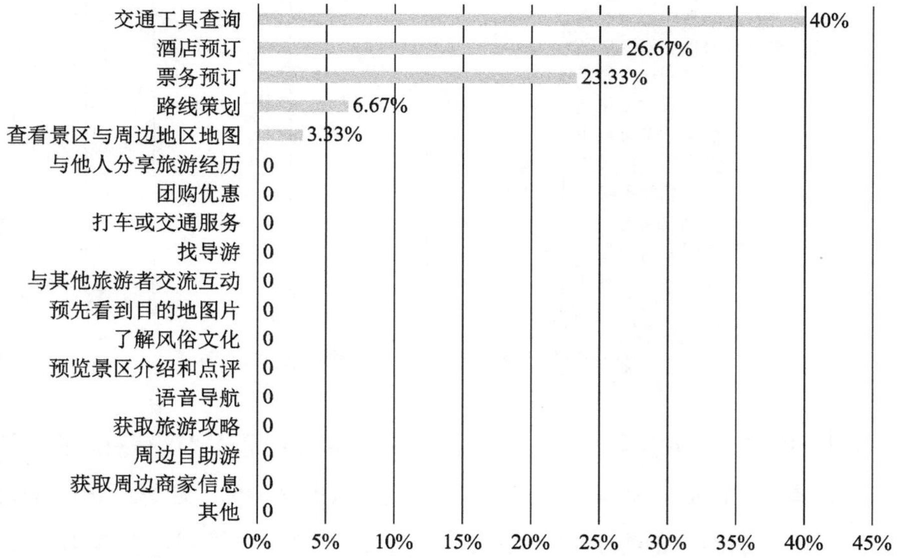

图 14　旅游 APP 最能满足留学生的需求的方面

由上图 14 可知，选择“交通工具查询”为旅游 APP 最能满足的方面的有 24 个人，所占的比例最高，占总数的 40%；选择“酒店预订”的有 16 个，占 26.67%；选择“票务预订”的有 14 个，占 23.33%；选择“路线策划”的有 4 个，占 6.67%；选择“查看景区与周边地区地图”的有 2 个，占 3.33%。除了这几个需求以外，选择“与他人分享旅游经历”“团购优惠”“打车或交通服务”“找导游”“与其他旅游者交流互动”“预先看到目的地图片”“了解风俗文化”“预览景区介绍和点评”“语音导航”“获取旅游攻略”“周边自助游”“获取周边商家信息”“其他”的占 0。

可以看出，旅游 APP 最能满足留学生“交通工具查询”的需求，其他 13 种选项为 0，这说明旅游 APP 的这些功能对首都师范大学的留学生来说不是特别需要的，是他们不使用的功能。

3.2　首都师范大学留学生对旅游 APP 不满意的方面及原因分析

旅游 APP 有很多优点，但是也有缺点。关于留学生认为旅游 APP 有哪些不足，结果见下图 15。

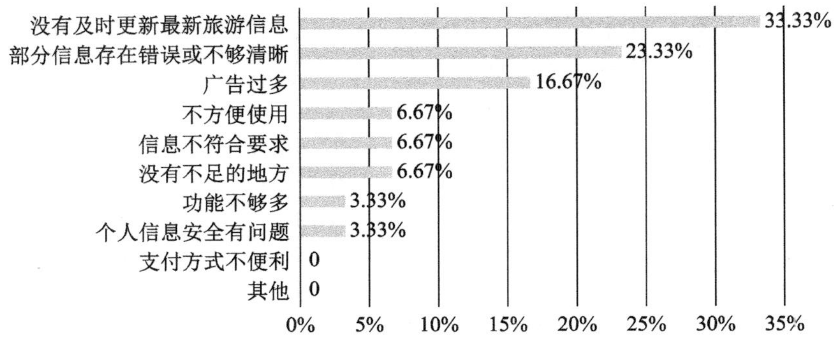

图 15　首都师范大学的留学生认为旅游 APP 的不足

由上面的图 15 可以看出，认为旅游 APP 不足的方面是“没有及时更新旅游信息”的有 20 个人，所占的比例最高，占总数的 33.33%；选择“部分信息存在错误或不够清晰”的有 14 个，占 23.33%；选择“广告过多”的有 10 个，占 16.67%；选择“不方便实用”的有 4 个，占 6.67%；选择“信息不符合要求”的有 4 个，占 6.67%；选择“没有不足的地方”的有 4 个，占 6.67%；选择“功能不够多”的有 2 个，占 3.33%；选择“个人信息安全有问题”的有 2 个，占 3.33%。除了这几个方面以外，选择“支付方式不便利”“其他”的占 0。可以看出，留学生认为旅游 APP 最大的不足的地方是“没有及时更新旅游信息”。

关于旅游 APP 满足不了留学生的哪些需求，结果见下图。

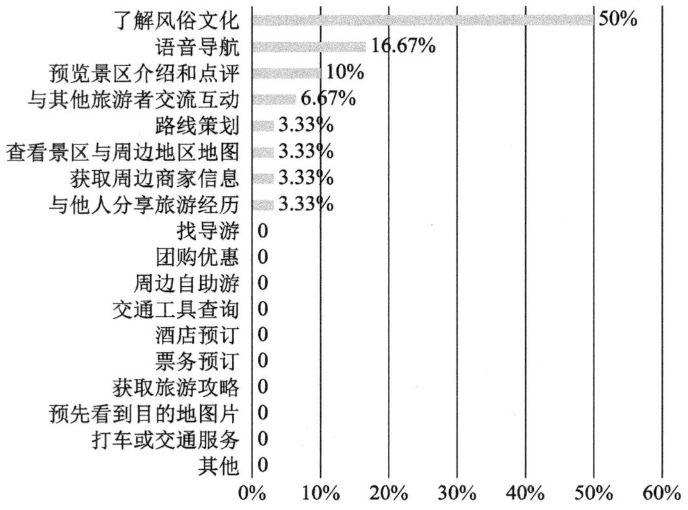

图 16　旅游 APP 满足不了首都师范大学留学生的需求

由图 16 可以看出，选择不能“了解风俗文化”为旅游 APP 满足不了的方面的留学生有 30 个，占 50%；选择“语音导航”的有 10 个，占 16.67%；选择“预览景区介绍和点评”的有 6 个，占 10%；选择“与其他旅游者交流互动”的有 4 个，占 6.67%；选择“路线策划”的有 2 个，占 3.33%；选择“查看景区与周边地区地图”的有 2 个，占 3.33%；选择“获取周边商家信息”的有 2 个，占 3.33%；选择“与他人分享旅游经历”的有 2 个，占 3.33%。除了这几个方面以外，选择“找导游”“团购优惠”“周边自助游”“交通工具查询”“酒店预订”“票务预订”“获取旅游攻略”“预先看到目的地图片”“打车或交通服务”“其他”的占 0。

本文发现，旅游 APP 最不能满足的留学生的需求是“了解风俗文化”。因为留学生在中国旅游的目的之一是了解中国的风俗文化，和中国人相比他们在这方面的需求较高，希望中国的 APP 能尽量满足留学生群体的这种需求。

留学生在自己的国家旅游时也使用旅游 APP。在自己的国家使用旅游 APP 的有 34 个人，占 56.67%；在自己的国家旅游时不用旅游 APP 的有 26 个，占 43.33%。

关于首都师范大学的留学生对自己国家的旅游 APP 最满意的地方，结果见下图。

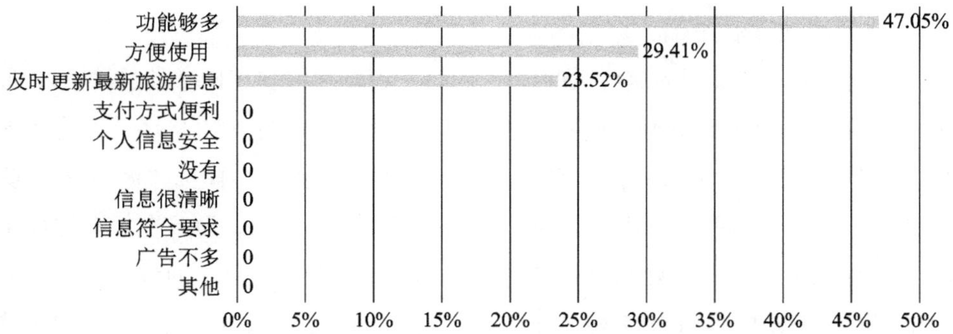

图 17　首都师范大学的留学生对自己国家的旅游 APP 最满意的地方

从图 17 可以看出，和中国的旅游 APP 比的话，留学生对自己国家的旅游 APP 最满意的地方选择“功能够多”的有 16 个，占 47.05%；选择“方便实用”的有 10 个，占 29.41%；选择“及时更新最新旅游信息”的有 8 个，占 23.52%。除了这几个方面以外，选择“支付方式便利”“个人信息安全”“没有”“信息很清晰”“信息符合要求”“广告不多”“其他”的占 0。

关于首都师范大学的留学生对自己国家的旅游 APP 最不满意的地方，结果见下图。

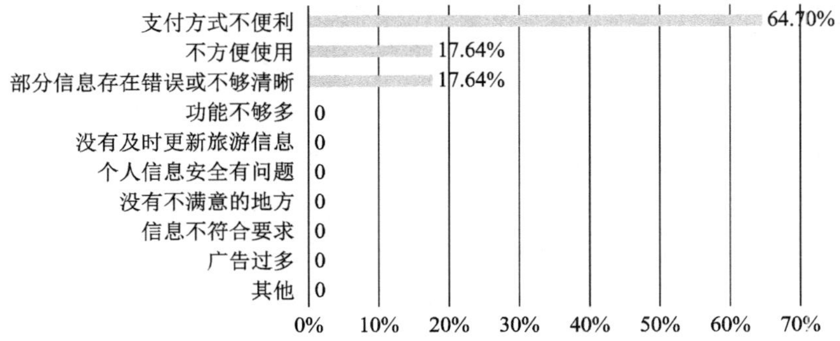

图 18　首都师范大学的留学生对自己国家的旅游 APP 最不满意的地方

从图 18 可以看出，和中国的旅游 APP 比的话，留学生对自己国家的旅游 APP 最不满意的地方选择“支付方式不便利”的有 22 个人，占 64.70%；选择“不方便使用”的有 6 个，占 17.64%；选择“部分信息存在错误或不够清晰”的有 6 个，占 17.64%。除了这几个方面以外，选择“功能不够多”“没有及时更新旅游信息”“个人信息安全有问题”“没有不满意的地方”“信息不符合要求”“广告过多”“其他”的占 0。

由此可见，和中国的旅游 APP 相比的话，留学生对自己国家的旅游 APP 最满意的地方是他们自己国家的旅游 APP 的功能比中国旅游 APP 的多。有意思的是，在前面的图 13 和图 14 的调查结果分析中我们看到，中国的旅游 APP 一些功能留学生并不使用，可能是因为并不是他们需要的功能，而且在很多方面中国的旅游 APP 并不能满足留学生的需求，图 13、图 14、图 17 的调查结果可以互相印证。但是中国的旅游 APP 在支付方式的方面更有优势。这是因为中国移动支付很发达，所以支付方式很便捷。在中国，移动支付已经在任何地方都成为一种可能，所以使用旅游 APP 的时候只有手机就可以了。

四　结论

本文调查并分析了首都师范大学留学生对旅游 APP 的使用情况，总结起来可以得到以下结论。

第一，通过调查发现，首都师范大学留学生都喜欢旅行，80% 的留学生选择的旅游方式是“和朋友一起”去旅游。女性留学生在中国旅游的方式是“和朋友一起”，占 100%，60% 的男性留学生在中国最多的旅游方式也是“和朋友一起”旅游，但也有一些男留学生选择“跟团游”“自由行”和“自驾游”等旅游方式。

第二，由调查结果可知，55.33% 的留学生在中国获取旅游信息的方式是“电脑网络”，还有 22.33% 的留学生在中国获取旅游信息的方式是“手机 APP”，旅游 APP 并不是他们获得旅游信息的主要途径。

第三，调查发现，在中国旅游时“经常使用旅游 APP”的有 36 个留学生，占 60%；“偶尔使用旅游 APP 的”有 24 个，占 40%。

第四，调查显示，70% 的留学生知道旅游 APP 的途径是“别人介绍”。留学生在中国使用最多的旅游 APP 是“携程旅行”。使用“携程旅行”的留学生有 24 个，所占的比例最高，占总数的 40%。使用“携程旅行”APP 的留学生在中国时间比较长。在中国 3 ～ 5 年的有 38 个人，在这 38 个留学生中选择使用“携程旅行”的有 18 个，占 47.37%。在中国 5 年以上的有 4 个，选择使用“携程旅行”的有 4 个，占 100%。可能因为这个旅游 APP 是他们中国朋友推荐的或者他们通过自己的经验选出来的最便利的旅游 APP。而 60% 的留学生使用“百度旅行”“去哪儿旅行”“阿里旅行”和“同程旅游”，可能因为他们在中国的时间不是很长，他们使用的那些旅游 APP 是他们的外国朋友给他们推荐的。

第五，被调查的留学生中，认为旅游 APP“比较有用”的有 30 个人，占 50%。40% 的留学生使用旅游 APP 的主要原因是旅游 APP 很“实用”。

第六，“去国内较远的地方旅游”时使用旅游 APP 的留学生有 30 个，占总数的 50%；选择“周边游时”的有 16 个，占 26.66；选择“去国外旅游”的有 14 个，占 23.33%。大多数留学生“去国内较远的地方”使用旅游 APP，因为这些 APP 是中国的旅游 APP，所以在中国使用比较方便。

第七，使用旅游 APP 之前留学生在中国平均每个人每次的旅游花费是 2000 ～ 5000 元，占总数的 56.67%；2000 元以下的占 36.67%；5000 ～ 10000 元和 10000 以上的各占 3.33%。在使用旅游 APP 之后 2000 元以下的占总数的 73.33%；2000 ～ 5000 元的占 23.33%；10000 元的占 3.33%。使用旅游 APP 以后留学生的旅游花费明显减少了，这说明他们使用旅游 APP 后省了钱。但唯一没变的是花费 10000 元以上的留学生，他们使用旅游 APP 之前和使用旅游 APP

后在中国的旅游花费都为 10000 元以上。

第八，留学生使用旅游 APP 最大的需求是获取“交通”信息，占 50%。43.33% 留学生去旅游时第一要考虑的因素是“路线安排”，所以留学生最常使用旅游 APP 获取“交通”信息，使用旅游 APP 查看路线。

第九，留学生对旅游 APP 的满意度比较高，为“6-9 分”；没有人选择“1-5 分”为对旅游 APP 的满意度，所以没有对旅游 APP 的满意度很低的人，但也没人选择“10 分”为对旅游 APP 的满意度，所以也没有对旅游 APP 完全满意的人。

第十，留学生最喜欢的旅游 APP 的功能是“订机票、火车票”，占 70%。旅游 APP 最能满足留学生的需求的是“交通工具查询”，占 40%。留学生认为旅游 APP 最不足的地方是“没有及时更新旅游信息”，占 33.33%。

第十一，调查显示，旅游 APP 最不能满足留学生的需求的是“了解风俗文化”，占 50%。因为留学生在中国旅游的目的之一是了解中国的风俗文化，和中国人相比他们在这方面的需求较高，希望中国的 APP 能尽量满足留学生群体的这种需求。

第十二，调查发现，留学生在自己的国家旅游时也使用旅游 APP。和中国的旅游 APP 比的话，留学生对自己国家的旅游 APP 最满意的地方是他们自己国家的旅游 APP 的“功能够多”，占 47.05%。有意思的是，在前面的图 13 和图 14 的调查结果分析中，中国的旅游 APP 一些功能留学生并不使用，可能是因为并不是他们需要的功能，而且在很多方面中国的旅游 APP 并不能满足留学生的需求，可见图 13、图 14、图 17 的调查结果互相印证。和中国的旅游 APP 比的话，留学生对自己国家的旅游 APP 最不满意的地方是“支付方式不便利”，占 64.70%。中国的旅游 APP 在支付方式的方面更有优势。这是因为中国移动支付很发达，所以支付方式很便捷。在中国，移动支付已经在任何地方都成为了一种可能，所以使用旅游 APP 的时候只有手机就可以了。

希望本文的调查结果对中国旅游 APP 的发展有参考价值。

参考文献

珠峰科技. 手机 APP 是什么?. https://wenku.baidu.com/view/0241d4b9d4d8d15abe234e79.html 2018 年 6 月 27 日.2018 年 11 月.

佚名. 旅游软件的使用情况调查表. https://www.wjx.cn/m/9147887.aspx 2018 年 11 月.

指导教师：涛亚

语言与语言学习篇

在华欧美留学生汉语学习信念调查研究

宋海涛

（首都师范大学国际文化学院 2021 届本科生　美国）

一　引言

随着全球化趋势愈演愈烈，中国的国际地位不断提高。毋庸置疑，目前中国已经成为成长最迅速的、最具影响力的发展中国家。1950 年，第一批东欧学生来华交流、学习，中国政府就开始注重留学生工作。近些年，来华留学生数目不断增加，越来越多的人开始意识到学习汉语的重要性。在这样的社会背景下，欧美留学生的汉语学习信念一直是研究的重点。本文涉及的几个概念词“来华”“欧美留学生”和“汉语学习信念”，拥有非常丰富的内容，但是在检索的过程中，发现针对在华欧美留学生在汉语学习信念方面的论文还比较少。因此，进行本课题的写作是很有现实意义的。文章重点分析和总结欧美留学生的汉语学习信念群体特征，希望本文可以提供给学界更新的实证论据，弥补在欧美留学生的跨文化交际研究方面的不足，启发有关研究的新视野。

二　调查问卷设计

2.1　研究对象

本文把问卷调查的研究对象设为在华欧美留学生。调查对象来自中国的五所高校。本次调查问卷全部采用匿名形式，不透露欧美留学生的个人信息和姓名，问卷全部由线上工具（问卷星）进行发放，一共回收了 35 份有效问卷。在此基础上，对问卷所得到的数据应用 spss 进行统计和分析，以便为后续相关调查提供数据支持。

35 名欧美留学生基本情况如表 1 所示。

表 1　35 名欧美留学生基本情况（N=35）

类别		人数	百分比	类别		人数	百分比
汉语水平	HSK 1 级	0	0%	学习汉语时间	不到一年	0	0%
	HSK 2 级	0	0%		1～2 年	2	5.71%
	HSK 3 级	2	5.71%		3～4 年	15	42.86%
	HSK 4 级	2	5.71%		5 年或以上	18	51.43%
	HSK 5 级	11	31.43%	来中国时间	不到一年	5	14.29%
	HSK 6 级	20	57.14%		1～2 年	9	25.71%
性别	男	15	42.86%		3～4 年	14	40%
	女	20	57.14%		5 年或以上	7	20%
国别	欧洲	19	54.28%				
	美洲	16	45.71%				

从上表可以看出，本研究对象所选取的来自欧洲和北美的留学生人数较为平均，欧洲 54.28%，美洲 45.71%。其中男性 15 人，占 42.86%，女性 20 人，占 57.14%。调查对象学习汉语时间多数在 5 年以上，共有 18 人，占总人数的 51.43%。在总人数中，学一年至两年的有 2 人，占 5.71%。三年至四年的共有 15 人，占 42.86%。且本次调查对象来中国时间多数在五年以上共有 7 人，占总人数的 20%。来中国一年及以下的有 5 人，占 14.29%，一年至两年的有 9 人，占 25.71%，三年至四年的有 14 人，占 40%。汉语水平 HSK3 级有 2 人，占 5.71%，HSK 4 级的有 2 人，占 5.71%，HSK 5 级的有 11 人，占31.43%，HSK 6 级的有 20 人，占 57.14%。可以看出本次所选对象年龄、性别较为均衡，调查较为全面。

2.2　研究工具与方法

通过阅读中国知网以及学校图书馆当中有关留学生汉语学习信念研究的相关期刊、论文等，了解有关此调查研究的有关信息。本研究采用了 Horwitz（1988）所设计的外语学习信念量表。

问卷由两部分组成。第一部分要求被试填写来华时长、HSK 水平等基本信息。第二部分主要包括汉语学习信念的 34 个题目。根据调查问卷设计的要求和原则，结合本研究的调查目的制定了《在华欧美留学生汉语学习信念调查现状调查问卷》。

此次一共回收了 35 份有效问卷。汉语学习信念量表共包括 34 题，其中包含 5 个维度。下表为汉语学习信念调查中各元素与题项对应情况。

表 2　汉语学习信念调查中各元素与题项对应情况

因素	题数	题项
汉语学习难度	6	3、9、21、24、33、34
汉语学习能力倾向	9	1、2、4、5、13、25、28、29、32
汉语学习本质	5	7、10、14、18、22
汉语学习方式和交际策略	10	6、8、11、12、15、16、17、20、23、31
汉语学习动机和期望	4	19、26、27、30

三　调查结果与分析

3.1　在华欧美留学生汉语学习信念总体情况

汉语学习信念调查共分为 5 个维度，调查对象的汉语学习信念总分及基本情况如下表所示。

表 3　汉语学习信念调查整体描述统计情况（N=35）

	最小值	最大值	均值	标准差
汉语学习难度	1.4	3.2	1.84	0.31
汉语学习能力倾向	1.3	3.0	2.44	0.28
汉语学习本质	1.0	3.8	1.82	0.43
汉语学习方式和交际策略	1.1	3.5	3.11	0.31
汉语学习动机和期望	1.0	4.0	2.50	0.51

由表 3 可以得知，汉语学习难度和本质这两个维度的均值最低；汉语学习方式和交际策略均值最高。在这 5 个维度中，欧美留学生对汉语学习本质与汉语学习难度这两个信念很强，他们的回答趋向于“同意”。欧美留学生对汉语学习方式和交际策略这一信念最弱，趋向于选择“一般”（1- 完全同意、2- 同意、3- 一般、4- 不同意、5- 完全不同意）。

3.2　在华欧美留学生各维度汉语学习信念统计分析

3.2.1　汉语学习难度

测量欧美留学生汉语学习难度信念的部分共有 6 题。被试的汉语学习难度信念情况如表 4 所示。

表 4　在华欧美留学生的汉语学习难度信念统计情况（N=35）

题目	最小值	最大值	均值	标准差
3. 有些语言比汉语学起来更容易	1	3	1.66	0.94
9. 已经会说一种外语的人，学起汉语来更容易	1	4	1.67	0.80
21. 说汉语比理解汉语更加容易	1	3	1.42	0.79
24. 读和写汉语比说和理解汉语容易	1	3	1.71	0.82
33. 我认为汉语是一门（）的语言	1	4	2.23	0.86
34. 如果某人每天花一小时学习汉语，你认为他 / 她多久可以达到流利程度	1	4	2.36	0.94

从表 4 可以看出，大多欧美留学生认为读写汉语没有说和理解汉语困难，而说比理解还要简单。换句话说，欧美留学生普遍认为理解汉语最难，当别人说话时不一定能听懂，虽然能认读汉字却不一定能明白所读的内容。从整体来看，输入性的语言技能是欧美留学生的难点。对于第 21 题，欧美留学生趋向于选择“同意”，表明他们认为在众多语言中，汉语学起来尤其困难。这也有可能反映出欧美留学生对学习汉语的抵触心理。此外，许多欧美留学生认为汉语是一门“较难”的语言（均值 2.23），而且在“如果某人每天花一小时学习汉语，你认为他 / 她多久可以达到流利程度”这一问题上趋向于选择一到五年之间（1= 少于一年，2= 一到两年，3= 三到五年，4= 五到十年，5= 不能流利）。说明欧美留学

生对学习汉语的难易度有较合理的看法；他们认为学习汉语虽有一定难度，但只要努力，每个人都可以学好汉语。

3.2.2 汉语学习能力倾向

有关汉语学习能力倾向的题目有 9 题。在华欧美留学生对汉语学习能力倾向的信念情况如表 5 所示。

表 5 在华欧美留学生中汉语学习能力信念统计情况（N=35）

题目	最小值	最大值	均值	标准差
1. 儿童比成年人更容易学汉语	1	4	2.36	0.70
2. 有些人有学习汉语的天赋	1	4	2.17	0.82
4. 我相信我最终可以学好汉语	1	3	1.95	0.78
5. 我的国家的人擅长学习汉语	1	4	2.31	0.76
13. 我认为自己有学习汉语的天赋	1	4	2.31	0.89
25. 学理科的人比较不善于学外语	1	5	3.06	0.79
28. 能说一门以上外语的人很聪明	1	3	2.87	0.73
29. 每一个人都可以学好汉语	1	3	1.65	0.81
32. 女生比男生更擅长学习汉语	1	5	3.31	0.83

对于不同语言来说，学习者也存在着不同的学习特点。从表 5 可以看出，在华欧美留学生对自己的汉语学习能力感到很自信。此外，大部分欧美留学生对“学理科的人比较不善于学外语”及“女生比男生更擅长学习汉语”这一问题保持中立看法（均值 3.0 左右）。这说明有些学生认为学习汉语能力取决于性别、学科背景等自己无法控制的因素。整体来看，大多欧美留学生认为自己具备一定的学习汉语的天赋，并对自己的学习能力有十足的自信。

3.2.3 汉语学习本质

有关汉语学习本质信念题目有 5 题。在华欧美留学生对汉语学习本质的信念情况如表 6 所示。

表 6 在华欧美留学生中汉语学习本质信念统计情况（N=35）

题目	最小值	最大值	均值	标准差
7. 为了学好汉语，必须了解中国文化	1	3	1.22	0.86
10. 在说汉语的国家学习汉语比较好	1	4	2.04	0.87
14. 学汉语最主要就是学习词汇	1	3	1.47	0.90
18. 学汉语最主要就是学语法	1	3	1.24	0.94
22. 学习汉语跟学习其他学科不一样	1	5	3.15	0.89

从表 6 可以看出，在华欧美留学生意识到中国文化在汉语学习中的重要性（均值 1.22）。对于第 14、18 题项，他们选择了“同意”，说明欧美留学生意识到掌握词汇和语法的重要性；这两者之间他们认为语法结构比学习词汇对学习汉语更为重要。这些数据说明，欧美留学生在学习汉语的过程中较为关注并重视中国文化、语法和词汇。此外，不少欧美留学生认为学习汉语的方法跟学习其他学科的方法没有什么不同。总体来说，在华欧美留学生对汉语学习具有很强的信念。

3.2.4 汉语学习方式和交际策略

有关汉语学习方式和交际策略信念的题目有 10 题。此维度的信念情况如表 7 所示。

表 7 在华欧美留学生中汉语学习方式和交际策略信念统计情况（N=35）

题目	最小值	最大值	均值	标准差
6. 说汉语的时候，准确的发音很重要	1	4	2.99	0.86
8. 如果不能确定自己说的是否正确，我就不开口说汉语	1	5	3.10	0.92
11. 我会主动跟中国人交流练习汉语	1	5	3.56	1.00
12. 如果不知道汉语中某个词的意思，猜猜也是可以的	1	5	3.09	0.71
15. 反复的练习很重要	1	4	3.13	0.91
16. 在别人面前说汉语时我会有点儿不好意思	1	3	1.99	0.86

续表

题目	最小值	最大值	均值	标准差
17. 学习汉语时，如果一开始就犯了错误，到后面就很难改正	1	5	2.41	0.79
20. 在语音实验室练习汉语非常重要	1	5	3.07	0.99
23. 学习汉语主要用翻译的方式	1	5	4.23	0.90
31. 我认为比起听和说，看和写更有助于学习汉语	1	4	3.51	0.90

从表 7 可以看出，在华欧美留学生在与别人说汉语的时候会有害羞或紧张的情绪。对第 17 题项，欧美留学生选择了“同意”；这反映出他们意识到在初级阶段打下良好基础的重要性。对于第 6、12 题项，他们保持中立的看法。此外，欧美留学生对第 31 题项偏向于选择“不同意”，说明他们认为经常听和说汉语有助于学习汉语。此外，欧美留学生对第 11、23 这两个题项表示反对，从中能看出两点：第一，他们与中国人交流时持着较为被动的态度，第二，他们认为学习汉语时不应该采用母语翻译成汉语的方式。

3.2.5 汉语学习动机和期望

有关汉语学习动机和期望信念的题目有 4 题。在华欧美留学生对汉语学习动机和期望的信念情况如表 8 所示。

表 8 在华欧美留学生中汉语学习动机和期望信念统计情况（N=35）

题目	最小值	最大值	均值	标准差
19. 如果我学好汉语，我就更有机会得到好工作	1	3	1.74	0.87
26. 我的国家的人认为说好汉语很重要	1	5	3.73	0.77
27. 我想学汉语，因为我想更了解中国人	1	3	1.52	0.88
30. 在未来我会有很多机会用到汉语	1	5	3.00	0.84

从表 8 可以看出，许多在华欧美留学生学习汉语的目的是为了更好地了解中国人（均值 1.52）以及得到更好的工作机会（均值 1.74）。欧美留学生对第 30 题持有中立的看法，说明他们不太确定未来会不会用到汉语，但还是认为学习汉

语可以带来更多的机遇。另外，许多欧美留学生偏向于反对“我的国家的人认为说好汉语很重要”。

四　对策与建议

4.1　对教学的建议

首先，本次调查显示，在华欧美留学生普遍认为汉语比其他语言学起来较难。这可能是因为中国不同高校针对欧美留学生的汉语水平入学标准有所不同，并没有统一的规定，有些留学生来华之前已经有几年学习汉语的经历，而有些学生来华之前没有汉语基础。汉语水平的高低是留学生汉语学习信念的一个重大障碍。留学生的汉语学习难度信念很高，这可能导致留学生对学习汉语形成抵触心理。因此，学校可以有针对性地提高欧美留学生的汉语水平，课程进度做到从易到难，由浅入深，也应该在多方调查研究之后制定一个统一的《高校外国留学生指导性培养方案》，提高留学生生源质量，从而减少留学生之间汉语水平的落差。

其次，欧美留学生表示说和理解比读写汉语更难，其中理解汉语比说还要难。这可能是许多欧美留学生在与中国人交流时采取被动态度的原因之一。汉语理解能力是汉语交际的必要技能，这一点对汉语教学给了一些启发。学校可以对学生汉语听力课加以重视，为中高级水平的学生开设更多的视听说课，给学生更多机会接触到教室之外的地道汉语，如不同的口音、方言、土话等。

再次，汉语学习本质信念调查数据显示，欧美留学生也深刻地意识到中国文化与汉语是密不可分的（均值 1.22）。这可能说明欧美留学生在学习汉语的过程中会尤其关注并重视中国文化有关的课程。因此，学校可以有选择地进行文化教学，通过因材施教等方式，根据欧美留学生不同的文化教育背景，进行有针对性的文化辅导。但是欧美留学生在课堂上所学到的知识十分有限，凭借其自身获取中华文化知识又缺乏相应的途径，所以学校应该提供多样化的汉语言文化教学形式，比如增加讲座、情景讨论以及话剧表演等，让学生们根据自己的情况进行选择。另外，目前许多中国文化课博而不精，内容范围很广，涉及到节日、饮食、神话、艺术等诸多话题，但各主题还缺乏深度，未能给留学生留下深刻的印象。因此，学校也应该缩小文化教学范围，同时深化文化教学内容。

为了做到这一点，学校可以把文化教学更加细分化，对各文化主题单独设置一门课程。比如，中医文化在华人心中根深蒂固，是中国文化的重要组成部分。学校可以开设一门“中医文化历史”课，让留学生能够更深入地了解阴阳五行学说、中药学、经络学等不同分支学科与汉语言文化的关系。这样做有助于留学生更加享受并欣赏中国文化。

最后，调查数据也显示欧美留学生在其他人面前说汉语时或多或少会感到紧张或不好意思（均值 1.99）。老师应该鼓励学生大胆说话，不怕说错，营造宽松的教学氛围。学生的错误越多，老师越能尽早发现并纠正学生的错误。尽早，尤其在初级阶段改正语言上的错误有利于学生快速达到汉语流利程度。本次调查显示，欧美留学生认为要是一开始就犯了错误，那么到后面就更难改正，说明他们意识到汉语初级阶段的重要性。因此，初级汉语老师应该格外重视学生掌握汉语的情况，尤其在发音和语法方面。

4.2 对学习者的建议

大多欧美留学生虽然相信自己具有学习汉语的天赋，但还有部分学生认为学习汉语取决于性别和学科背景等自己无法控制的因素。这些较为片面的观点会对学习者产生负面的影响，导致学生失去自信和动力。事实上，社会中有充分的实例能证明一个人的语言交际和表达能力与性别或专业背景没有直接的关系。况且，语言既有文科又有理科的成分；语言不仅讲究文雅，也讲究逻辑。学生应该以积极的态度看待自己的能力，试图通过汉语这一工具来发挥并展示自身的优势。

许多欧美留学生意识到了解中国文化的必要性。所以欧美留学生应该努力提高对于中国文化知识了解的兴趣。教师通过用视频、图片以及课堂活动等多种方式进行刺激，让学生从被动学习转为自己主动接受与探索。

不管是采用线上还是线下的方法，欧美留学生都应该主动与中国人交流。中国开发了许多软件和线上工具，这些工具提供了一个社交平台，方便无数人进行交流。在后疫情时代，欧美留学生可以善用这些软件来为自己营造一个良好的语言环境，从而大大增加汉语的输入量。除此之外，增加阅读量还可以快速提高汉语理解能力。许多欧美留学生虽能认读汉字，但却不一定能明白他们所看到的内容。欧美留学生应该多阅读教材以外的文学作品，从而扩大词汇量，培养语感。的确，增加阅读量与主动与中国人进行交流都有助于提高留学生输入性的语言技能以及口语表达能力。

另外，初级阶段的欧美留学生应该格外留意自己的发音。学生可以主动向老师请教，也可以定期练习朗读一篇文章，随后把录制好的音频作为反馈，重复听几遍。

五 结语

总之，一个人的学习信念会直接影响自己对学习的态度、看法、方法、效率和成果。就汉语作为第二语言学习者而言，汉语学习信念会影响学习者掌握汉语的程度。形成学习信念的因素诸多，如以往的经验、成长背景、社会文化等。这意味着欧美留学生的汉语学习信念并非固定，而是随着时间和环境的变化而改变的。因此，通过优化课程体系、改善老师的教学方法及加大个人努力，留学生的汉语学习信念可以得到塑造，取得最好的学习成果。

参考文献

朱悦珉．来华外国留学生汉语学习信念研究 [D]. 南京大学，2015.

董歆瑶（Ogalanya Ebere Doris）. 尼日利亚高级汉语学习者学习动机调查研究 [D]. 西南大学，2020.

徐薇．尼日利亚汉语学习者学习信念调查研究 [D]. 西南大学，2020.

赵帼英．西北师范大学中亚东干族留学生汉语学习信念调查研究 [D]. 西北师范大学，2020.

王添淼．留学生汉语学习信念：学生与教师认知状况的比较研究 [J]. 民族教育研究，2019, 30(06):135-142.

朱世芳．对外汉语教师信念系统的模型构建及量表编制 [J]. 国际汉语教学研究，2019(03):89-96.

李灵佳．东南亚留学生汉语学习信念与学习成绩相关性研究 [D]. 云南师范大学，2018.

邱玉华．波兰汉语学习者学习行为研究 [D]. 厦门大学，2018.

Horwitz, Z.K, using student beliefs about language learning and teaching in the foreign language methods courses. [J]. Foreign Language Annals, 1988, 18(4):333-340.

指导教师：冯浩

韩国留学生的汉语学习动机调查

崔铭耿
（首都师范大学国际文化学院 2020 届本科生　韩国）

一　绪论

1.1　选题缘由

随着中国经济的快速发展以及韩中贸易关系的日益密切，汉语学习的价值越来越明显，很多的韩国人开始对汉语感兴趣。五年多以前，韩国学生最感兴趣的外语：第一是英语，第二是日语，第三是汉语，可是现在韩国的学生最感兴趣的外语第一是英语，第二是汉语，第三是日语。

汉语与韩语非常不一样，语言的发音、写的方式都不一样，特别是汉语有声调，韩语没有声调，所以对韩国人来说，声调是最难的问题。如今汉语学习者越来越多，但是也有些学生放弃学习汉语，所以本人想知道到底怎样才能激发汉语学习者的学习动力。

学习动机对学习者的第二语言学习有很大的影响，与学习者的学习方法、学习效果、学习持续性等方面具有相关性。所以本文的研究目的是通过调查问卷，收集韩国留学生的想法，了解韩国留学生的汉语学习动机。

1.2　研究学习动机的意义

对韩国留学生汉语学习动机进行的调查有助于了解他们的学习动机。学习动机是指维持学生的学习行为，并使之指向一定学业目标的一种动力倾向。学习动机可以分为内部学习动机与外部学习动机，内部学习动机是指个体内在需要引起的学习动机，比如成就感、求知欲望、兴趣等。外部学习动机是指外部的诱因激发出的学习动机，比如别人的表扬、考试成绩、奖学金等。通过这次研究，可以详细了解韩国留学生汉语学习动机的特点。另外，通过对不同性别、不同专业、不同年级的分类分析，可以更详细地了解韩国留学生汉语学习动机的差异。

通过研究，掌握韩国留学生的学习动机，能够有针对性地增强他们的汉语学习动机，提高汉语学习的效率，增强学习过程中韩国留学生的积极性。

1.3 研究对象与研究方法

为了使研究更加客观和详细，本研究采用了问卷调查的方式，并对调查的结果进行分析研究。我们采用了 NAVER 的软件，问卷共有 28 个问题，都是单选题。问卷调查内容包括每个学生的情况、汉语学习动机、学校教学对学习动机的影响等。

调查的对象是首都师范大学的韩国留学生。本人发送了 52 份问卷，回收 52 份有效的问卷。调查时间从 2020 年 11 月 1 日至 2020 年 11 月 04 日。

二 对首师大韩国留学生的调查概况

通过下文表 1，我们可以看出被调查者的人数是 52 位，并且可以了解他们的性别、所在的年级、专业等详细情况。

表 1 韩国留学生的基本情况

项目	类别	人数	百分比（%）
您的性别	男	25	51.9
	女	27	48.1
您所在的年级	大一	13	25
	大二	8	15.4
	大三	16	30.8
	大四	15	28.8
您的专业是什么	经贸	21	40.4
	汉语言	9	17.3
	还没决定	22	42.3

续表

项目	类别	人数	百分比（%）
您学习汉语多长时间	1 年内	1	1.9
	1~2 年以内	18	34.6
	2~3 年以内	13	25
	3 年以上	20	38.5
您对汉语的兴趣怎么样	很感兴趣	9	17.3
	比较感兴趣	23	44.2
	一般	20	38.5
	兴趣不大	0	0
	根本没有兴趣	0	0
您认为自己汉语学得怎么样	非常好	0	0
	好	7	13.5
	不错	19	36.5
	一般	20	38.5
	很差	6	11.5
您有没有继续学习汉语的意向	有	37	71.2
	没有	1	1.9
	还没决定	13	25
	（没有回答）	1	1.9

从上表我们可以看到，女生的比例比男生高。52 个学生中，女生的人数是 27 名，占总人数的 51.9%，男生的人数是 25 名，占总人数的 48.1%。从学生的年级来看，韩国留学生中，大三学生的比例最高，人数 16 名，占总人数的 30.8%；大四学生，人数 15 名，占总人数的 28.8%；大一学生，人数 13 名，占总人数的 25%；比例最少的年级是大二学生，人数 8 名，占总人数的 15.4%。

被调查者中学习汉语的总时间多数在 3 年以上或者 1~2 年以内，选择 2~3 年以内的学生也不少。

从第5题、第6题的调查结果中可以看到，这些韩国留学生中的大部分对汉语学习有比较大的兴趣。虽然对汉语的兴趣比较大，但是他们认为自己汉语的水平不太高。在“您认为自己的汉语学得怎么样”这道题的调查结果中，调查者中选择“好”的人数7名，占总人数的13.5%；选择“不错”的人数19名，占总人数的36.5%；选择“一般”的人数20名，占总人数的38.5%；选择“很差”的人数6名，占总人数的11.5%。这样的结果使我们了解到，对韩国留学生来说，他们的汉语学习的兴趣比较高，但是觉得汉语不容易。

被调查者中，有“继续学习汉语”的意向的人数37名，占总人数的71.2%；“没有意向”的人数1名，占总人数的1.9%；选“还没决定”的人数13名，占总人数的25%；“没有回答”的人数1名，占总人数的1.9%。

三　首师大韩国留学生的汉语学习动机调查结果分析

3.1　首师大韩国留学生的汉语学习动机类型分析

3.1.1　首师大韩国留学生的汉语学习动机的总体情况

表2　韩国留学生的学习动机类型

	动机类型	调查题目
外部动机	出国需求型	7 学习汉语是因为想在中国生活 8 可以去中国旅游
	媒体影响型	9 学习汉语是因为对中国文化（历史、中国菜等）有兴趣 10 学习汉语是因为喜欢中国的明星和中国的电影电视剧
	交际需求型	11 学习汉语可以和中国人做生意 12 学习汉语可以和中国朋友交流
	环境影响型	13 汉语课的学习气氛好 14 汉语老师的教学方法好 15 我很喜欢汉语课的教材 16 汉语老师经常表扬或鼓励我
	职业需求型	17 学习汉语可以找到好工作 18 学习汉语可以找到和中国有关的工作

续表

	动机类型	调查题目
外部动机	完成目的型	19 希望得到 HSK 证书 20 可以在自己大学的课程中取得好成绩
	获得资金型	21 可以得到奖学金
	被动影响型	22 可以满足父母的期待 23 会说汉语是时代的需求
	未来影响型	24 学习汉语是因为中国的前景好
内部动机	自我满足型	25 学习汉语是为了满足自己的求知欲 26 学习汉语可以得到成就感 27 可以提高自身能力

调查问卷中学习动机类型的题目共有 21 题，分别属于 10 种动机类型。

关于出国需求型中第 7 题（学习汉语是因为想在中国生活）的数据如下。

表 3　学习汉语是因为想在中国生活

选项	人数	所占百分比
非常同意	7	13.3%
同意	25	48.1%
不同意	18	34.6%
非常不同意	2	3.8%

被调查者中选“非常同意”的人有 7 位，占总人数的 13.3%；选“同意”的人有 25 位，占总人数的 48.1%；选“不同意”的人有 18 位，占总人数的 34.6%；选“非常不同意”的人有 2 位，占总人数的 3.8%。由此可知，被调查者中选肯定的回答的人有 32 位，比例是 61.4%；选否定的回答的人有 20 位，比例是 38.4%。

关于第 8 题（可以去中国旅游）的数据如下。

表 4　学习汉语是因为可以去中国旅游

选项	人数	所占百分比
非常同意	9	17.3%
同意	22	42.3%
不同意	19	36.5%
非常不同意	2	3.8%

被调查者中选“非常同意”的人有 9 位，占总人数的 17.3%；选“同意”的人有 22 位，占总人数的 42.3%；选“不同意”的人有 19 位，占总人数的 36.5%；选“非常不同意”的人有 2 位，占总人数的 3.8%。由此可知，被调查者中选肯定的回答的人有 31 位，比例是 59.6%；选否定的回答的人有 21 位，比例是 40.3%。这说明留学生的出国需求比较高，并且韩国留学生学习汉语是因为想在中国生活或者想去中国旅游的占多数。

媒体影响型中第 9 题［学习汉语是因为对中国文化（历史、中国菜等）有兴趣］的数据如下。

表 5　学习汉语是因为对中国文化（历史、中国菜等）有兴趣

选项	人数	所占百分比
非常同意	5	9.6%
同意	19	36.5%
不同意	23	44.2%
非常不同意	5	9.6%

被调查者中选“非常同意”的人有 5 位，占总人数的 9.6%；选“同意”的人有 19 位，占总人数的 36.5%；选“不同意”的人有 23 位，占总人数的 44.2%；选“非常不同意”的人有 5 位，占总人数的 9.6%。由此可知，被调查者中选肯定的回答的人有 24 位，比例是 46.1%；选否定的回答的人有 28 位，比例是 53.8%。

关于第 10 题（学习汉语是因为喜欢中国的明星和中国的电影电视剧）的数据如下。

表 6　学习汉语是因为喜欢中国的明星和电影电视剧

选项	人数	所占百分比
非常同意	4	7.7%
同意	14	26.9%
不同意	18	34.6%
非常不同意	16	30.8%

被调查者中选“非常同意”的人有 4 位，占总人数的 7.7%；选“同意”的人有 14 位，占总人数 26.9%；选“不同意”的人有 18 位，占总人数的 34.6%；选“非常不同意”的人有 16 位，占总人数的 30.8%。由此可知，被调查者中选肯定回答的人有 18 位，比例是 34.6%；选否定回答的人有 34 位，比例是 65.4%。这说明韩国留学生在学汉语的时候，受中国媒体影响的比例不到一半，而且大部分韩国留学生对中国的电视剧、电影不太感兴趣。

交际需求型中第 11 题（学习汉语可以和中国人做生意）数据如下。

表 7　学习汉语可以和中国人做生意

选项	人数	所占百分比
非常同意	8	15.4%
同意	19	36.5%
不同意	18	34.6%
非常不同意	7	13.5%

选“非常同意”的人有 8 位，占总人数的 15.4%；选“同意”的人有 19 位，占总人数的 36.5%；选“不同意”的人有 18 位，占总人数的 34.6%；选“非常不同意”的人有 7 位，占总人数的 13.5%。由此可知，被调查者中选肯定回答的人有 17 位，比例是 51.9%；选否定回答的人有 25 位，比例是 48.1%。

第 12 题（学习汉语可以和中国朋友交流）的数据如下。

表 8　学习汉语可以和中国朋友交流

选项	人数	所占百分比
非常同意	8	15.4%
同意	41	78.8%
不同意	2	3.8%
非常不同意	1	1.9%

被调查者中选“非常同意”的人有 8 位，占总人数的 15.4%；选“同意”的人有 41 位，占总人数的 78.8%；选“不同意”的人有 2 位，占总人数的 3.8%；选“非常不同意”的人有 1 位，占总人数的 1.9%。由此可知，被调查者中选肯定回答的人有 49 位，比例是 94.2%；选否定回答的人有 3 位，比例是 5.7%。这说明大部分韩国留学生学习汉语希望和中国人做生意，和中国人更顺利地沟通。

环境影响型中第 13 题（汉语课的学习气氛好）的数据如下。

表 9　汉语课的学习气氛好

选项	人数	所占百分比
非常同意	2	3.8%
同意	29	55.8%
不同意	20	38.5%
非常不同意	1	1.9%

选“非常同意”的人有 2 位，占总人数的 3.8%；选“同意”的人有 29 位，占总人数的 55.8%；选“不同意”的人有 20 位，占总人数的 38.5%；选“非常不同意”的人有 1 位，占总人数的 1.9%。由此可知，被调查者中选肯定回答的人有 31 位，比例是 59.6%；选否定回答的人有 21 位，比例是 40.4%。

第 14 题（汉语老师的教学方法好）的数据如下。

表 10　汉语老师的教学方法好

选项	人数	所占百分比
非常同意	1	1.9%
同意	20	38.5%
不同意	31	59.6%
非常不同意	0	0

选“非常同意”的人有 1 位，占总人数的 1.9%；选“同意”的人有 20 位，占总人数的 38.5%；选“不同意”的人有 31 位，占总人数的 59.6%；选“非常不同意”的人没有。由此可知，被调查者中选肯定回答的人有 21 位，比例是 40.4%；选否定回答的人有 31 位，比例是 59.6%。

第 15 题（我很喜欢汉语课的教材）的数据如下。

表 11　我很喜欢汉语课的教材

选项	人数	所占百分比
非常同意	0	0%
同意	9	17.3%
不同意	40	76.9%
非常不同意	3	5.8%

选“非常同意”的人没有；选“同意”的人有 9 位，占总人数的 17.3%；选“不同意的人”有 40 位，占总人数的 76.9%；选“非常不同意”的人有 3 位，占总人数的 5.8%。由此可知，被调查者中选肯定回答的人有 9 位，比例是 17.3%；选否定回答的人有 43 位，比例是 82.7%。

第 16 题（汉语老师经常表扬或鼓励我）的数据如下。

表 12　汉语老师经常表扬或鼓励我

选项	人数	所占百分比
非常同意	4	7.7%

续表

选项	人数	所占百分比
同意	25	48.1%
不同意	22	42.3%
非常不同意	1	1.9%

选“非常同意”的人有 4 位，占总人数的 7.7%；选“同意”的人有 25 位，占总人数的 48.1%；选“不同意”的人有 22 位，占总人数的 42.3%；选“非常不同意”的人有 1 位，占总人数的 1.9%。由此可知，被调查者中选肯定回答的人有 29 位，比例是 55.8%；选否定回答的人有 23 位，比例是 44.2%。说明汉语课的学习气氛对大部分的韩国留学生来说是学习的动力，然而肯定老师教学方法的留学生不到一半。对大部分的留学生来说，汉语老师表扬或鼓励让他们更积极地学习汉语，但是对汉语课的教材，大多数韩国留学生不满意。

职业需求型中第 17 题（学习汉语可以找到好工作）的数据如下。

表 13 学习汉语可以找到好工作

选项	人数	所占百分比
非常同意	5	9.6%
同意	47	90.4%
不同意	0	0%
非常不同意	0	0%

选“非常同意”的人有 5 位，占总人数的 9.6%；选“同意”的人有 47 位，占总人数的 90.4%；选“不同意”的人没有，选“非常不同意”的人也没有。由此可知，被调查者中选肯定回答的人有 52 位，比例是 100%，选否定回答的人没有。

第 18 题（学习汉语可以找到和中国有关的工作）的数据如下。

表 14　学习汉语可以找到和中国有关的工作

选项	人数	所占百分比
非常同意	7	13.5%
同意	32	61.5%
不同意	13	25%
非常不同意	0	0%

选“非常同意”的人有 7 位，占总人数的 13.5%；选“同意”的人有 32 位，占总人数的 61.5%；选“不同意”的人有 13 位，占总人数的 25%；选“非常不同意”的人没有。由此可知，被调查者中选肯定回答的人有 39 位，比例是 75%；选否定回答的人有 13 位，比例是 25%。这说明对韩国留学生来说毕业以后的就业很重要，韩国留学生学习汉语是因为希望毕业以后可以找到好的工作，其中大部分人希望找到和中国有关的工作。

完成目的型中第 19 题（希望得到 HSK 证书）的数据如下。

表 15　学习汉语是因为希望得到 HSK 证书

选项	人数	所占百分比
非常同意	4	7.7%
同意	42	80.8%
不同意	4	7.7%
非常不同意	1	1.9%

选“非常同意”的人有 4 位，占总人数的 7.7%；选“同意”的人有 42 位，占总人数的 80.8%；选“不同意”的人有 4 位，占总人数的 7.7%；选“非常不同意”的人只有 1 位，占总人数的 1.9%；没回答的人有 1 位。由此可知，被调查者中选肯定回答的人有 46 位，比例是 88.5%；选否定回答的人有 5 位，比例是 9.6%。

第 20 题（可以在自己大学的课程中取得好成绩）的数据如下。

表 16　学习汉语可以在自己大学的课程中取得好成绩

选项	人数	所占百分比
非常同意	4	7.7%
同意	44	84.6%
不同意	4	7.7%
非常不同意	0	0%

选“非常同意”的人有 4 位，占总人数的 7.7%；选“同意”的人有 44 位，占总人数的 84.6%；选“不同意”的人有 4 位，占总人数的 7.7%；选“非常不同意”的人没有。由此可知，被调查者中选肯定回答的人有 48 位，比例是 92.3%；选否定回答的人只有 4 位，比例是 7.7%。这说明为了能找到好的工作，大部分韩国留学生希望学习汉语后可以取得 HSK 证书，以及在大学取得好成绩，并且对韩国留学生来说，完成自己的任务很重要。

获得奖金型的第 21 题（可以得到奖学金）的数据如下。

表 17　学习汉语可以得到奖学金

选项	人数	所占百分比
非常同意	5	9.6%
同意	17	32.7%
不同意	28	53.8%
非常不同意	2	3.8%

选“非常同意”的人有 5 位，占总人数的 9.6%；选“同意”的人有 17 位，占总人数的 32.7%；选“不同意”的人有 28 位，占总人数的 53.8%；选“非常不同意”的人有 2 位，占总人数的 3.8%。由此可知，被调查者中选肯定回答的人有 22 位，比例是 42.3%；选否定回答的人有 30 位，比例是 57.6%。说明对首师大的留学生来说，奖学金对学习动机没有大的影响，可能是因为在首师大的大部分的韩国留学生是交流学生。

被动影响型的问题中第 22 题（可以满足父母的期待）的数据如下。

表 18　学习汉语可以满足父母的期待

选项	人数	所占百分比
非常同意	4	7.7%
同意	27	51.9%
不同意	21	40.4%
非常不同意	0	0%

选“非常同意”的人有 4 位，占总人数的 7.7%；选“同意”的人有 27 位，占总人数的 51.9%；选“不同意”的人有 21 位，占总人数的 40.4%；选“非常不同意”的人为 0。由此可知，被调查者中选肯定回答的人有 31 位，比例是 59.6%，选否定回答的人有 21 位，比例是 40.4%。

第 23 题（会说汉语是时代的需求）的数据如下。

表 19　会说汉语是时代的需求

选项	人数	所占百分比
非常同意	3	5.8%
同意	10	19.2%
不同意	32	61.5%
非常不同意	7	13.5%

选“非常同意”的人有 3 位，占总人数的 5.8%；选“同意”的人有 10 位，占总人数的 19.2%；选“不同意”的人有 32 位，占总人数的 61.5%；选“非常不同意”的人有 7 位，占总人数的 13.5%。由此可知，被调查者中选肯定回答的人有 13 位，比例是 25%；选否定回答的人有 39 位，比例是 75%。这说明，对大部分韩国留学生来说，学习汉语不是时代的需求，而是自己的兴趣，但是可以满足父母的期待。

未来影响型的第 24 题（学习汉语是因为中国的前景好）的数据如下。

表 20　学习汉语是因为中国的前景好

选项	人数	所占百分比
非常同意	5	9.6%
同意	27	51.9%
不同意	20	38.5%
非常不同意	0	0%

选“非常同意”的人有 5 位，占总人数的 9.6%；选“同意”的人有 27 位，占总人数的 51.9%；选“不同意”的人有 20 位，占总人数的 38.5%；没有选“非常不同意”的人。由此可知，被调查者中选肯定的回答的人有 32 位，比例是 61.5%；选否定的回答的人有 20 位，比例是 38.5%。这说明大部分的韩国留学生对中国的发展前景很乐观。

自我满足型中第 25 题（学习汉语为了满足自己的求知欲）的数据如下。

表 21　学习汉语是为了满足自己的求知欲

选项	人数	所占百分比
非常同意	1	1.9%
同意	25	48.1%
不同意	25	48.1%
非常不同意	1	1.9%

选“非常同意”的人有 1 位，占总人数的 1.9%；选“同意”的人有 25 位，占总人数的 48.1%；选“不同意”的人有 25 位，占总人数的 48.1%；选“非常不同意”的人有 1 位，占总人数的 1.9%。由此可知，被调查者中选肯定的回答的人有 26 位，比例是 50%；选否定的回答的人有 26 位，比例是 50%。

第 26 题（学习汉语可以得到成就感）的数据如下。

表 22　学习汉语可以得到成就感

选项	人数	所占百分比
非常同意	1	1.9%
同意	38	73.1%
不同意	12	23.1%
非常不同意	1	1.9%

选“非常同意”的人有 1 位，占总人数的 1.9%；选“同意”的人有 38 位，占总人数的 73.1%；选“不同意”的人有 12 位，占总人数的 23.1%；选“非常不同意”的人有 1 位，占总人数的 1.9%。由此可知，被调查者中选肯定回答的人有 39 位，比例是 75%；选否定回答的人有 13 位，比例是 25%。

第 27 题（学习汉语可以提高自身能力）的数据如下。

表 23　学习汉语可以提高自身能力

选项	人数	所占百分比
非常同意	6	11.5%
同意	44	84.6%
不同意	0	0%
非常不同意	2	3.8%

选“非常同意”的人有 6 位，占总人数的 11.5%；选“同意”的人有 44 位，占总人数的 84.6%；选“不同意”的人没有；选“非常不同意”的人有 2 位，占总人数的 3.8%。由此可知，被调查者中选肯定回答的人有 50 位，比例是 96.1%；选否定回答的人有 2 位，比例是 3.8%。这说明大部分韩国留学生认为学习汉语可以提高自身的能力，并且得到成就感。但是为了满足求知欲而学习汉语的韩国留学生没有超过一半。

3.1.2　不同性别的韩国留学生学习动机类型分析

调查问卷的被调查者中，女生有 27 人，占总人数的 51.9%。男生 25 人，占总人数的 48.1%。本文进行了性别差异的比较。

表 24　不同性别的韩国留学生学习动机类型分析

类型	性别	总人数	均值
出国需求型	女	27	2.58
	男	25	2.6
媒体影响型	女	27	2.7
	男	25	1.92
交际需求型	女	27	2.74
	男	25	2.88
环境影响型	女	27	2.45
	男	25	2.4
职业需求型	女	27	2.99
	男	25	2.98
完成目的型	女	27	3.01
	男	25	2.94
获得资金型	女	27	2.62
	男	25	2.28
被动影响型	女	27	2.64
	男	25	2.18
未来影响型	女	27	2.74
	男	25	2.68
自我满足型	女	27	2.86
	男	25	2.65

从上表我们可以看出男生和女生的汉语学习动机的差异。

从女生来说，从均值上看，十种动机类型中有三种动机的均值大于 2.8，属于最强的动机。有四种动机的均值小于 2.8 大于 2.63，属于中等动机。有三种动机的均值小于 2.63 大于 2，属于最弱的动机。

完成目的型、职业需求型、自我满足型，各项均值是 3.01、2.99、2.86，属于最强的学习动机。特别是完成目的型的均值最高。职业需求型中第 19 题（希望得到 HSK 证书），被调查者中 26 名选择肯定的回答，第 20 题（可以在自己大学的课程中取得好成绩），被调查者中 25 名选择肯定的回答。这说明女生的目的意识比男生更强，她们通过学习汉语得到成就感，并且愿意提高自己的能力，所以自身满足型的均值较高，特别是自身满足型中，26 题（学习汉语可以得到成就感）、27 题（可以提高自身能力）选择肯定的回答的女生很多。

交际需求型、未来影响型、媒体影响型、被动影响型属于中等学习动机，各项均值是 2.74、2.74、2.7、2.64。说明这些对女留学生有影响，但是影响不大。

最弱的学习动机是获得资金型、出国需求型、环境影响型，各项的均值是 2.62、2.58、2.45。特别是环境影响非常少。环境影响型中第 13 题（汉语课的学习气氛好）、第 14 题（汉语老师的教学方法好）、第 15 题（我很喜欢汉语课的教材），第 16 题（汉语老师经常表扬或鼓励我），被调查者中分别有 11 名、15 名、19 名、12 名选择否定的选项。这说明，少部分的韩国女留学生学习汉语的动机受到学校的影响。女生中，11 名认为汉语课的学习气氛还可以，15 名认为汉语老师的教学方法不太好，19 名认为汉语课的教材不太好。

对男生来说，从均值上看，十种动机类型中有三种动机的均值大于 2.8，属于最强的动机。有四种动机的均值小于 2.7 大于 2.3，属于中等动机。有三种动机的均值小于 2.3 大于 1，属于最弱的动机。

职业需求型、完成目的型、交际需求型，各项均值是 2.98、2.94、2.88，属于最强的学习动机。特别是职业需求型的均值最高，职业需求型中第 17 题（学习汉语可以找到好工作），男生都选择肯定的回答，第 18 题（学习汉语可以找到和中国有关的工作型），被调查者中 17 名选择肯定的回答。这说明男生的职业需求很强，因为他们希望学完汉语以后找到好的工作，所以希望提高自己的能力，所以，男生中第 27 题（可以提高自身能力）选择肯定选项的人数很多。

未来影响型、自我满足型、出国需求型、环境影响型属于中等学习动机，各项均值是 2.68、2.65、2.6、2.4。这说明这些对男留学生有影响，但是影响不大。

最弱的学习动机是获得资金型、被动影响型、媒体影响型，各项的均值是 2.28、2.18、1.92。特别是媒体影响型的均值非常少。媒体影响型中第 9 题［学习汉语是因为对中国文化（历史、中国菜等）有兴趣］，被调查者中 19 名选择否定的选项，第 10 题（学习汉语是因为喜欢中国的明星和中国的电影电视剧），被调查者中，24 名选择否定的回答。这说明男生的学习动力没有受到媒体的影响。

从整体来看，女生在绝大多数动机上都强于男生，但女生的出国需求比较消极。男生在出国需求型和交际需求型方面比女生更强，但男生在媒体方面没有受到大的影响。不管男生还是女生，职业需求型很高。这说明对韩国留学生来说，学习汉语是找好工作的手段。

3.1.3 不同专业的韩国留学生学习动机类型分析

在被调查者中，专业是经济贸易的学生有 21 人，占总人数的 40.4%；专业是汉言的学生有 9 人，占总人数的 17.3%；还有 22 人，他们还没决定专业。

表 25　不同专业的韩国留学生学习动机类型分析

类型	专业	总人数	均值
出国需求型	经贸	21	2.56
	汉语	9	2.71
媒体影响型	经贸	21	2.18
	汉语	9	2.44
交际需求型	经贸	21	2.9
	汉语	9	3.1
环境影响型	经贸	21	2.35
	汉语	9	2.52
职业需求型	经贸	21	3.7
	汉语	9	2.88
完成目的型	经贸	21	2.85
	汉语	9	3.27
获得资金型	经贸	21	2.33
	汉语	9	2.77
被动影响型	经贸	21	2.37
	汉语	9	2.49

续表

类型	专业	总人数	均值
未来影响型	经贸	21	2.76
	汉语	9	3.11
自我满足型	经贸	21	2.80
	汉语	9	3.07

从上表 25 我们可以看到，不同专业的留学生汉语学习动机的差异。

对经贸专业的学生来说，从均值上看，十种动机类型中有三种动机的均值大于 2.84，属于最强的动机。有四种动机的均值小于 2.8 大于 2.36，属于中等动机。有三种动机的均值小于 2.34 大于 2，属于最弱的动机。

职业需求型、交际需求型、完成目的型，各项均值分别是 3.7、2.9、2.85，属于最强的学习动机。特别是职业需求型的均值是最高，职业需求型中，第 17 题（学习汉语可以找到好工作）所有的经贸专业的学生选择肯定的回答，第 18 题（学习汉语可以找到和中国有关的工作）被调查者中 18 名选择肯定的回答。

自我满足型、未来影响型、出国需求型、被动影响型各项均值是 2.8、2.76、2.56、2.37，属于中等学习动机。

最弱的学习动机是环境影响型、获得资金型、媒体影响型，各项的均值是 2.35、2.33、2.18。特别是媒体影响型的均值非常少。媒体影响型中，第 9 题［学习汉语是因为对中国文化（历史、中国菜等）有兴趣］被调查者中只有 8 名选择肯定的回答，第 10 题（学习汉语是因为喜欢中国的明星和中国的电影电视剧）被调查中只有 7 名选择肯定的回答。

对汉语专业的学生来说，从均值上看，十种动机类型中有四种动机的均值大于 3，属于最强的动机。有三种动机的均值小于 2.9 大于 2.6，属于中等动机。有三种动机的均值小于 2.6 大于 2，属于最弱的动机。

完成目的型、未来影响型、交际需求型、自我满足型各项均值分别是 3.27、3.11、3.1、3.07，属于最强的学习动机。特别是完成目的型，第 19 题（希望得到 HSK 证书）所有的被调查者选择肯定的回答，第 20 题（可以在自己大学的课程中取得好成绩）所有的被调查者选择肯定的回答。

职业需求型、获得资金型、出国需求型各个均值分别是 2.88、2.77、2.71、属于中等学习动机。

最弱的学习动机是环境影响型、被动影响型、媒体影响型，各项的均值是 2.52、2.49、2.44。特别是媒体影响型的均值非常少。媒体影响型中第 9 题［学习汉语是因为对中国文化（历史、中国菜等）有兴趣］被调查者中，只有 5 名选择肯定的回答，第 10 题（学习汉语是因为喜欢中国的明星和中国的电影电视剧），只有 4 名选择肯定的回答。

从整体来看，在绝大多数的分类上，汉语专业的学生比经贸专业的学生动机更强。经贸专业的学生和汉语专业的学生的交际需求型、完成目的型的动机很强，在环境影响方面，在媒体影响方面比较消极，特别是在环境影响方面，第 15 题（我很喜欢汉语课的教材），不管什么专业，肯定的回答不多。这说明不管是对经贸专业的学生还是对汉语专业的学生，中国的媒体没有大的影响，他们认为学校的环境的影响不大，汉语课的教材不太好。不管专业是经贸还是汉语言，韩国留学生都想和中国人交流，目的意识很强。

3.1.4 不同年级的韩国留学生学习动机类型分析

在被调查者中，大一学生有 13 人，占总人数的 25%；大二学生有 8 人，占总人数的 15.4%；大三学生有 16 人，占总人数的 30.8%；大四学生有 15 人，占总人数的 28.8%。

表 26 不同年级的韩国留学生汉语学习动机的差异

类型	年级	总人数	均值
出国需求型	大一	13	2.76
	大二	8	2.87
	大三	16	2.75
	大四	15	2.5
媒体影响型	大一	13	2.26
	大二	8	2.25
	大三	16	2.09
	大四	15	2.39

续表

类型	年级	总人数	均值
交际需求型	大一	13	2.57
	大二	8	2.5
	大三	16	2.84
	大四	15	3.13
环境影响型	大一	13	2.26
	大二	8	2.53
	大三	16	2.45
	大四	15	2.49
职业需求型	大一	13	2.96
	大二	8	2.87
	大三	16	3.03
	大四	15	3.03
完成目的型	大一	13	2.88
	大二	8	3
	大三	16	3
	大四	15	3.03
获得资金型	大一	13	2.38
	大二	8	2.25
	大三	16	2.56
	大四	15	2.46
被动影响型	大一	13	2.53
	大二	8	2.15
	大三	16	2.62
	大四	15	2.53

续表

类型	年级	总人数	均值
未来影响型	大一	13	2.30
	大二	8	2.75
	大三	16	2.81
	大四	15	2.93
自我满足型	大一	13	2.53
	大二	8	2.58
	大三	16	3.12
	大四	15	2.93

从上表26我们可以看出，不同年级的学生汉语学习动机的差异。

对大一的学生来说，从均值上看，十种动机类型中有三种动机的均值大于2.7，属于最强的动机。有三种动机的均值小于2.6大于2.5，属于中等动机。有四种动机的均值小于2.4大于2，属于最弱的动机。

职业需求型、完成目的型、出国需求型各项均值分别是2.96、2.88、2.76，属于最强的学习动机。特别是职业需求型的均值非常高。职业需求型中第17题（学习汉语可以找到好工作），所有的大一学生都选择肯定的回答。这说明他们关注毕业以后的工作。完成目的型、出国需求型是均值第二高的动机类型，这说明大一学生的目的完成意识很强，并且因为他们是大一，所以想要去中国旅游或者想在中国生活。

最弱的学习动机是获得资金型、未来影响型、环境影响型、媒体影响型，各个的均值分别是2.38、2.30、2.26、2.26。特别是媒体影响型的均值非常少。媒体影响型中第10题（学习汉语是因为喜欢中国的明星和中国的电影电视剧）、环境影响型中第15题（我很喜欢汉语课的教材）全部大一学生都选择否定的回答。这说明大一学生对中国的娱乐文化与中国的媒体没有大的兴趣，认为汉语课的教材不太好。

除了上面的学习动机类型以外，还有交际需求型、自我满足型、被动影响型，各个均值分别是2.57、2.53、2.53，属于中等学习动机。这说明这三种类型都影响不大。

对大二的学生来说，从均值上看，十种动机类型中有三种动机的均值大于2.8，属于最强的动机。有四种动机的均值小于2.8大于2.4，属于中等动机。有三种动机的均值小于2.4大于2，属于最弱的动机。

完成目的型、出国需求型、职业需求型各项均值分别是3、2.87、2.87，属于最强的学习动机。特别是完成目的型的均值较高。完成目的型中第19题（希望得到HSK证书），第20题（可以在自己大学的课程中取得好成绩）所有的大二学生选择肯定的回答。这说明大二学生对取得HSK证书和大学的好成绩很关注。

出国需求型、职业需求型是均值第二高的动机类型，说明大二学生想要在中国生活、去中国旅游，还有他们对毕业以后的工作非常关心。

最弱的学习动机是媒体影响型、获得资金型、被动影响型，各项的均值分别是2.25、2.25、2.15。特别是被动影响型的均值非常少。被动影响型中特别是第23题（会说汉语是时代的需求），所有的大二学生选择否定的回答。说明他们认为汉语学习不是时代的需求，而是自己的兴趣。

除了上面的学习动机类型以外，还有未来影响型、自我满足型、环境影响型、交际需求型，这四种类型均值都不大。

对大三的学生来说，从均值上看，十种动机类型中有三种动机的均值大于3，属于最强的动机。有四种动机的均值小于2.9大于2.6，属于中等动机。有三种动机的均值小于2.6大于2，属于最弱的动机。

自我满足型、完成目的型、职业需求型各项均值分别是3.12、3.03、3，属于最强的学习动机。特别是自我满足型，第25题（学习汉语为了满足自己的求知欲）、第27题（可以提高自身能力）所有的大三学生选择肯定的回答，第26题（学习汉语可以得到成就感）11名回复肯定的回答。这说明留学生学习汉语是因为想找好的工作，提高自己能力。职业需求型、完成目的型仅次于自我满足型。说明大三学生关注毕业以后的工作、HSK证书、学校的成绩。

最弱的学习动机是获得资金型、环境影响型、媒体影响型，各项的均值分别是2.56、2.45、2.09。特别是媒体影响型的均值非常少。媒体影响型中第9题［学习汉语是因为对中国文化（历史、中国菜等）有兴趣］、第10题（学习汉语是因为喜欢中国的明星和中国的电影电视剧）分别有10名、11名选择否定的回答。

这说明大三学生汉语学习动机受到中国媒体的影响不大。

除了上面的学习动机类型以外，还有交际需求型、未来影响型、出国需求型、被动影响型。这四种类型都属于中等动机。

对大四的学生来说，从均值上看，十种动机类型中有三种动机的均值大于3，属于最强的动机。有四种动机的均值小于3大于2.5，属于中等动机。有三种动机的均值小于2.5大于2，属于最弱的动机。

交际需求型、职业需求型、完成目的型各项均值分别是3.13、3.03、3.03，属于最强的学习动机。特别是交际需求型的均值非常高。交际需求型的第12题（学习汉语可以和中国朋友交流），大四学生中14名选择肯定的回答。这说明大四学生比其他年级的留学生更想要和中国朋友交流。职业需求型、完成目的型仅次于交际需求型。说明毕业以后的工作对大四学生很重要，他们大部分人学习汉语的动机是希望取得HSK证书，好的成绩。

最弱的学习动机是环境影响型、获得资金型、媒体影响型，各项的均值分别是2.49、2.46、2.35。特别是媒体的影响非常少。

除了上面的学习动机类型以外，还有未来影响型、自我满足型、被动影响型、出国需求型，这四种类型都可以从几个相关的方面激发学习动力。

从总体来看，不管学了几年的留学生，在职业需求方面、完成目的方面、自我满足方面的学习动机比较强烈，但是不管几年级，媒体影响方面对学习动机的影响都不大。

3.2 学校教学对韩国留学生学习动机的影响分析

为了了解学校教学对学习动机的影响，我们进行了详细的分析。

表27 学校教学对韩国留学生学习动机的影响

题号	题目	回答	人数	百分比（%）
13	汉语课的学习气氛好	A 非常同意	2	3.8
		B 同意	29	55.8
		C 不同意	20	38.5
		D 非常不同意	1	1.9

续表

题号	题目	回答	人数	百分比（%）
14	汉语老师的教学方法好	A 非常同意	1	1.9
		B 同意	20	38.5
		C 不同意	31	59.6
		D 非常不同意	0	0
15	我很喜欢汉语课的教材	A 非常同意	0	0
		B 同意	9	17.3
		C 不同意	40	76.9
		D 非常不同意	3	5.8
16	汉语老师经常表扬或鼓励我	A 非常同意	4	7.7
		B 同意	25	48.1
		C 不同意	22	42.3
		D 非常不同意	1	1.9
20	可以在自己大学的课程中取得好成绩	A 非常同意	4	7.7
		B 同意	44	84.6
		C 不同意	4	7.7
		D 非常不同意	0	0
21	可以得到奖学金	A 非常同意	5	9.6
		B 同意	17	32.7
		C 不同意	28	53.8
		D 非常不同意	2	3.8

从上表我们可以看出，题目 13“汉语课的学习气氛好”、题目 16“汉语老师经常表扬或鼓励我”、题目 20“可以在自己大学的课程中取得好成绩”，大多数的被调查者选肯定的回答，肯定的回答的各项比例分别是 59.6%、55.8%、92.3%，比较高。这说明大部分留学生受到学校教学气氛的影响，绝大部分的留学生因为愿意取得好的成绩，所以更努力学习汉语。老师的表扬和鼓励对学校

教学有比较大影响，并且可以让留学生激发学习动力。

题目 14“汉语老师的教学方法好”、题目 15“我很喜欢汉语课的教材”、题目 21“可以得到奖学金”，大多数的被调查者选否定的回答，肯定的回答的各项比例分别是 40.4%、17.3%、42.3%，比较低。这说明汉语老师的教学方法对留学生的学习动机有不少的影响。如果汉语老师的教学方法不好的话，可能会让一部分留学生失去学习动机。绝大部分的留学生认为汉语课的教材不太好，不能激发学生的学习动力。大部分学生为了得到奖学金，上课的时候更努力学习，可是另外的学生对奖学金不太关心。

总之，汉语老师的表扬和鼓励，学生的取得好成绩的欲望对留学生的学习动机有好的影响，但现在的汉语课的教材减弱了留学生学习汉语的动机。

四　结论

关于韩国留学生的汉语学习动机的情况，本文通过对首都师范大学的韩国留学生的问卷调查和分析，可以得出以下结论。

首先，最强的学习动机依次是职业需求型、完成目的型。对韩国留学生来说，毕业以后的就业很重要，所以我们可以知道韩国留学生学习汉语是因为希望毕业以后可以找到好的工作，或者找到和中国有关的工作，并且他们为了找好的工作学习汉语，希望可以取得 HSK 证书，以及在大学取得好成绩。且对韩国留学生来说，完成自己的任务很重要。特别是男生对职业需求的方面有更强的学习动机。女生的目的意识比男学生更强。对大部分韩国留学生来说，学习汉语不是时代的需求，而是自己的兴趣，但是可以满足父母的期待。

第二，出国需求型、交际需求型、未来影响型、自我满足型属于中等学习动机类型。其中韩国留学生的出国需求比较高，韩国留学生想在中国生活或者想去中国旅游的占多数。还有大部分韩国留学生希望和中国人做生意，和中国人更顺利地沟通，并且大部分韩国留学生对中国的发展前景乐观。

大部分韩国留学生认为学习汉语可以提高自身的能力，并且得到成就感，但是为了满足求知欲而学习汉语的韩国留学生没有超过一半。

第三，媒体影响型、环境影响型、获得奖金型、被动影响型的方面，韩国留学生没有受到大的影响。汉语课的学习气氛与汉语老师表扬或鼓励让留学生更积极地学习汉语，但是大多数韩国留学生对汉语课的教材不满意。首师大的大部分韩国留学生是交流学生，所以奖学金对他们没有大的影响。他们认为，学习汉语不是时代的需求，而是自己的兴趣，但是可以满足父母的期待。尤其是大部分韩国留学生对中国的电视剧、电影不太感兴趣，他们在学汉语的时候，受中国媒体影响的比例不到一半。

五　建议

通过这次调查，我们可以了解首师大韩国留学生学习汉语的动机。为了激发韩国留学生的学习动力，我们对汉语教学的建议是：第一，现在的汉语课的教材不能引起留学生的兴趣，需要详细的调查分析现在的教材不好的原因；第二，汉语老师的表扬和鼓励让学生有自信，因此在汉语课中老师应该多称赞学生；第三，绝大部分的韩国留学生都对就业很关心，可以的话，学校给学生介绍中国的工作或者学校给学生介绍就业信息；第四，留学生需要经验，可以的话，建议学校经常举办作文比赛、口语比赛等。

绝大部分的被调查者对汉语的兴趣比较高，并且有继续学习汉语的意向，如果以上几方面都得到改善的话，很多的韩国留学生会更积极地学习汉语。

参考文献

莱因贝格. 动机心理学 [M]. 上海：上海社会科学院出版社，2012.

杨怀霞. 韩国在华中学留学生汉语学习动机调查及教学策略 [J]. 新时代教师，2013, (5). http://www.qikan.com.cn，2020 年 10 月 31 日.2020 年 11 月 27 日访问

지식백과，학습동기 https://terms.naver.com/entry.nhn?docId=512620&cid=42126&categoryId=42126 , 2020 年 11 月 13 访问.

指导教师：涛亚

疫情背景下贝宁阿波美卡拉维孔子学院本科生中文学习情况调查

乔西安

（首都师范大学国际文化学院 2021 届本科生　贝宁）

一　绪论

1.1　选题缘由

贝宁位于非洲，是非洲西部的一个国家。从 1972 年以来，贝宁和中国之间一直存在着友好的关系。在两国多年文化交流的基础上，1988 年，科托努市建立了非洲的第一个中国文化中心。2009 年，贝宁的第一所孔子学院在贝宁最大的国立大学阿波美卡拉维大学成立。孔子学院开设了各种中文课程，后来在 2013 年，又设立了中文本科学士学位课程。

贝宁阿波美卡拉维大学孔子学院中文本科机构自从成立以来，在中文教学方面取得了很好的成绩，一直以来，学员们学习很积极也很努力。可是，由于受到疫情的影响，该机构的教学情况发生了一些变化。变化主要表现在上课方式和节日活动方面：大部分中文课改为录播课，所有的中国文化节日活动也都被迫停止。因此，我们希望通过调查了解疫情背景下贝宁阿波美卡拉维孔子学院本科生的中文学习情况，并探究这些变化是否会对学员们的中文学习产生一定影响。

1.2　研究意义

不可否认，疫情的到来对世界每个国家的很多领域产生了一定的负面影响，譬如娱乐、饮食、学习、旅游等。但是俗话说“没有做不到，只有想不到”，凭借人类的智慧，我们一定可以在疫情当中想出并采取能减少疫情带给我们不利影响的措施，让我们在疫情之下仍然能够继续做我们原来做的事情，比如上学、上班、旅游等。本文希望通过这次研究能够深入地了解贝宁阿波美卡拉维孔子学院中文本科生疫情之下的中文学习情况，了解学生们目前在学习上遇到的困难，并就他们目前在学习上遇到的困难提出一些积极建议，以期改善学生目前的学习方式，提升他们的中文学习效果。同时本论文也可以为其他同类研究提供参考。

1.3 研究方法

为了更好地了解疫情背景下贝宁阿波美卡拉维孔子学院本科生的中文学习情况，本文采用个人访谈和调查问卷两种方法来进行研究。

1.4 调查过程

2021 年 2 月 26 日到 27 日，我们在中国通过 WhatsApp 通话的方式对贝宁阿波美卡拉维孔子学院三名中文本科生进行了访谈。访谈的目的是进一步了解疫情背景下中文本科生的中文学习情况。通过整理访谈获得的信息，我们于 2021 年 3 月 22 日设计了一份调查问卷。调查问卷包括以下四个方面的问题：疫情背景下您上课的方式是什么？您喜欢这种上课方式吗？目前上课经常遇到哪些问题？这种上课方式对您的中文学习有没有影响？ 2021 年 3 月 23 日，我们请贝宁当地一位三年级的学妹到学院的每一个班级发放了纸质问卷。在她的帮助之下，我们一共发放了 70 份问卷，回收 55 份，有效问卷 55 份。

本调查以贝宁阿波美卡拉维大学孔子学院的中文本科生为对象。其中一年级学生 22 名，占总人数的 40%；二年级学生 18 名，占总人数的 32.73%；三年级学生 15 名，占总人数的 27.27%。在对收集到的数据进行统计分析的过程当中，我们又于 2021 年 5 月 11 日到 15 日通过 WhatsApp 通话的方式对贝宁阿波美卡拉维大学孔子学院的中文本科生进行了第二次访谈。这次访谈的对象为五人，包括一位一年级学生、两位二年级学生和两位三年级学生。

二 贝宁阿波美卡拉维大学孔子学院中文教学介绍

2.1 贝宁阿波美卡拉维大学孔子学院中文教学源起

贝宁阿波美卡拉维大学的中文传播和教学可以分为两个阶段：第一阶段是贝宁阿波美卡拉维大学把中文作为一门外语课，第二阶段是设立贝宁阿波美卡拉维大学孔子学院。

1996年，贝宁的学术教育中引入了中文，中文开始在贝宁阿波美卡拉维大学人文学院正式作为一门外语进行教学。那时，受过中文培训的学生只是在人文学院注册并选择中文作为第二语言的学员。

由于人文学院很多学生对中国文化感兴趣，阿波美卡拉维大学就设立了一个专门教中文的机构，这成为贝宁阿波美卡拉维大学和孔子学院总部之间开展合作的开始。双方就2009年设立贝宁阿波美卡拉维大学孔子学院达成一系列协议。贝宁孔子学院负责为贝宁大学和其他公立、私立学校提供中文教学。孔子学院创立之后就开始在培训班教授中文。经过四年培训班的中文教学经验，孔子学院于2013年11月25日决定开设中文专业，创建了本科课堂。

2.2 学院疫情之前的中文教学情况

贝宁阿波美卡拉维大学孔子学院中文本科专业课堂从2013年创建以来一直是整个贝宁公认的中文教学最佳机构。这是因为它在各个方面都能满足学习中文的要求。

在上课时间方面，阿波美卡拉维大学孔子学院中文专业学生的上课时间跟贝宁其他中文机构学生的上课时间不一样。阿波美卡拉维大学孔子学院中文专业的学生从周一到周五每天早上九点到下午四点半上课，而其他中文教学机构的学生上课时间不多，每周可能只有两到三次课，每次课大概一个半小时。显而易见，阿波美卡拉维大学孔子学院中文本科生每天有更多的机会练习中文。

课程设置方面，学院不仅设置中文方面的课程，还安排了一些法语课程，所以阿波美卡拉维大学孔子学院中文本科生的课程很丰富。仅就中文课程方面而言，学生们不仅有听说读写四种技能课程，还有一些关于中国历史、文化和才艺的课程，譬如中国概况、中国历史、剪纸、功夫、舞蹈、诗歌朗诵、成语、小品和中国音乐课等。丰富多彩的课程设置不仅让学生们有机会提高自己的中文水平，还让他们更加了解中国的历史文化，并且学会中国文化方面的一些才艺。在法语课程方面，学员们有统计学课、教学智能、语言学等课程。这些都由贝宁本土教师进行教学。

上课方式方面，疫情之前学院的所有课程都是线下课。学院教中文课的老师大都是中国人，他们很有经验，很热情，也很善良。他们讲课讲得很清楚。学生们提问题时，他们能够及时回答，让学生很快明白。在课堂上，老师们有时会组织一些小活动，激发学生的兴趣。老师们对学生的谆谆教导也让学生们把老师看作朋友，把中文看作能增进他们和老师之间友谊的桥梁。

语言活动方面，学院每周三都有中文俱乐部活动，并且鼓励每个学生参加。这个俱乐部是学长们为了帮助学弟学妹们学习中文特意成立的。在俱乐部活动中，学长们通常会向学弟学妹们传授一些学习中文的好方法与小技巧，同时也分享一些他们自己学习中文的经验或者教训。

节日活动方面，学院每逢中国传统节日都会举办一些节日文化活动让学生们去参加。有时举办大规模活动时学院还会邀请在贝宁工作的中国人来参加，比如春节活动、中秋节活动、端午节活动等。在节日活动中，学生们会表演很多节目。更有意义的是，通过这些节日活动，学生们不仅有机会练习中文，还有机会结交很多中国朋友。

学院每年还给学生创造机会参加中国举办的各种比赛，比如“汉语桥”世界大学生中文比赛、“中文之星”大赛，等等。在准备比赛的过程中，学院会将参赛者分成小组，并为每组参赛者配备辅导老师帮助学生准备比赛。从 2014 年开始，阿波美卡拉维大学孔子学院每年都会鼓励学生积极参加贝宁中国文化中心举办的贝宁赛区“汉语桥”世界大学生中文比赛。近几年，这个比赛贝宁赛区的冠军都来自阿波美卡拉维大学孔子学院，每年的冠军会代表贝宁来到中国参加决赛。疫情之前，贝宁阿波美卡拉维大学孔子学院的中文教学取得如此优异的成绩，吸引了很多贝宁人来到孔子学院学习中文。

2.3 学院疫情期间的中文教学情况

疫情期间，阿波美卡拉维大学孔子学院中文专业机构的教学情况有些变化，变化主要在于上课的方式和节日活动方面。

2020 年 3 月 16 日，贝宁发现了第一个新冠肺炎病例。之后，病毒快速蔓延到整个国家。意识到疫情的严重性后，贝宁政府在 2020 年 3 月 30 号做出了前所未有的决定：对整个国家进行全面封锁，严格要求每个国民遵守防控疫情的措施。经过六个星期的疫情防控，国家政府于 5 月 11 号宣布解封，人们也逐渐恢复正常的生活。但是在学习方面，为了降低接触风险，国家只要求小学六年级、初中生和高中生线下开学，让大学生停课但不停学，要求大学生通过网络上课。

为了执行停课不停学的规定，学院把所有课程变成了线上课，让学生们通过Zoom平台上课。所有的课程变成网课以后，部分学员因为一些因素无法每天上课，开始缺课。第一个因素就是贝宁网络费用很贵，500兆（Mb）和1千兆（Gb）的费用分别是40元和65元，而且买500兆（Mb）的流量，最多半个小时就会用完，1千兆（Gb）使用的时间也不超过一个半小时。由于经济方面的原因，很多学生无法每天上网课。第二个因素就是，很多学生缺乏上网课需要用到的设备，比如电脑。通过调查我们发现，在所有调查对象当中有49.09%的学生没有电脑。对于这些缺乏设备的学员，上网课对他们来说非常困难。经过几个月的网课，2020年9月，贝宁国家政府开放了大学，让大学生和老师们返校，在严格进行疫情防控的措施之下上线下课。但由于一些客观方面的原因，中教们还得继续上网课。学院从2020年9月起把大部分中文课改成录播课。目前学员们有六到七门中文课，但其中只有一门本土教师的中文课是线下课。学院的录播课主要是老师在上课时间之前录好视频发给学院的，然后学生们来上课时就会有助教给他们播放老师的上课视频，学生们通过这些视频进行学习。但是，这种上课方式对学生们学习中文有很大的影响。由于上录播课老师不在现场，学生们听不懂或者有问题时没办法直接问老师，这大大影响了学生们对上课内容的理解程度。

节日活动方面，所有的节日活动都被迫停止，目前已经没有任何节日活动，所以学生们除了看老师录的课学习中文以外没有其他练习中文的机会。

以上就是疫情期间贝宁阿波美卡拉维大学孔子学院中文专业机构的中文教学所面临的困难。

三　疫情背景下学院中文本科生的学习情况

3.1　疫情背景下学院本科生中文课的上课方式

通过调查我们发现，从2020年9月份开始，贝宁孔子学院本科生的很多中文课都变成了录播课。学员们有六到七门中文课，其中只有一门中文课是线下授课，其他都是录播课。学员们开始来学校上录播课之前，学院采取了各种疫情防控措施，在每个教室都安装了洗手设施，并且严格地要求学员们遵守疫情防控的规定，要求每位学生上课必须佩戴口罩，上课时学生之间要注意保持一米以上的距离等。

3.2 学院本科生对录播课的评价

对于新的上课方式，学员们有不同的评价。为了充分了解学院本科生对疫情之下上课方式的评价，我们进行了问卷调查，调查结果如下。

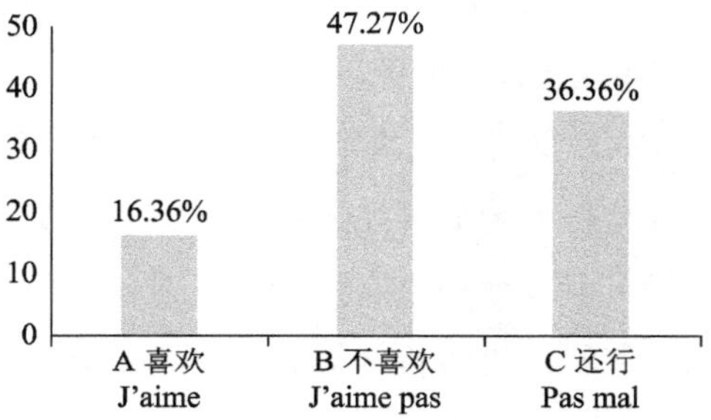

图 1 学院本科生对录播课的评价

由图 1 可知，学院大部分学生都不喜欢疫情之下的上课方式。在所有 55 个调查对象当中，只有 9 个人选择了“喜欢”，仅占总人数的 16.36%；而有 26 个人选择“不喜欢”，占总人数的 47.27%；还有 20 个人选择“还行”，占总人数的 36.36%。

我们发现，选择“不喜欢”录播课的学生大部分是二年级和三年级的学生。在 26 个选择该项的学生当中，只有 1 个人是一年级的学生，其他 25 个都是二年级和三年级的学生，分别是二年级 12 名，三年级 13 名。他们之所以不喜欢录播课，是因为他们不适应录播课。疫情之前，他们是通过传统教学模式线下上课的，喜欢上课时跟老师们交流、互动。这个互动促进他们的中文听说能力提高，也让他们体会并改正自己的发音问题。这样的互动吸引学生们经常来上课，因为上课一点儿都不枯燥，一点儿都不无聊，反而更有趣，是在一个活泼的气氛当中学习知识。但是，现在疫情之下只能看老师已经录好的视频，感觉整个课堂没有灵魂，没有以前热烈的上课气氛。以前线下课堂中的问答环节、游戏环节等也没有了，这些都让学生难以适应。二年级和三年级学生不喜欢录播课的另一个原因就是录播课很难让他们进入学习状态。他们认为上录播课简直像是去了电影院一样，大家都坐在座位上盯着大屏幕，只有大屏幕一直在出声音，一点儿也不像上课的样子；老师也不在场，所以学生们比较自由，谁都可以做自己想做的事情，可以随便进出教室，不认真听课，和其他学生交流、玩手机等。这些行为让课堂松散无序，学生们感觉不到是在上课，所以他们很难进入学习状态。

其次，在20个选择“还行”的学生当中，有15个都是一年级的学生，占75%。他们认为虽然录播课代替不了传统教学方式，但是在特殊时期只要还能够继续学习，学习不被疫情耽误，他们可以慢慢适应录播课。

最后，在本调查当中，我们发现喜欢录播课的学生大部分是一年级的学生。他们喜欢这种上课方式是因为他们开始上中文课时正好就是学院开始采用录播课方式进行教学的时候，所以他们没有体验过二三年级学生之前和中国老师们一起上线下课时的课堂气氛，没有机会比较这两种上课方式之间的差别。他们只体验了录播课，他们的中文基础知识就是通过这种上课方式积累的，所以他们喜欢这种上课方式。

3.3 学院本科生上录播课遇到的困难

自从学院开始使用录播课的方式教学以后，学生们在学习上面临着哪些困难？为了找到这个问题的答案，我们针对此问题进行了调查，调查结果体现在图2中。

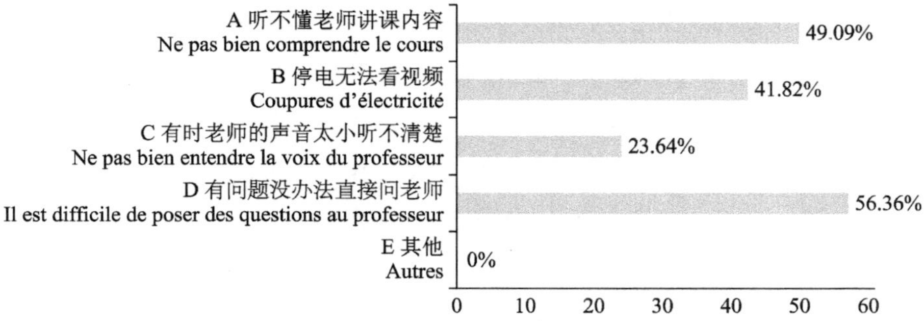

图2 学院本科生上录播课遇到的困难

根据图2的调查结果我们可以看出，疫情背景下贝宁孔子学院中文本科生上录播课遇到的最大困难就是“有问题时没办法直接问老师”。选择该项的人数为31名，占总人数的56.36%；其次，选择“听不懂老师讲课内容”的人数为27名，占总人数的 49.09%；再次，选择“停电无法看视频”的人数为 23 名，占总人数的 41.82%；最后，选择“有时老师的声音太小听不清楚”的人数为 13 名，占总人数的 23.64%。

这是因为，录播课像其他任何事物一样有两面性。录播课有一些长处同时也有一些短处。录播课的一个短处就是上录播课时老师与学生无法进行交流。可是学生们在上课的过程当中难免会有一些不懂的地方，这也是学习过程中必然会出现的情况。学生在学习新的知识时，有时会产生疑问，那时学生最需要老师通过讲解、举例或其他的方式进行解释说明。上线下课时或线上直播课时因为老师在，老师就会陪伴学生、帮助学生渡过一个个学习上的难关，帮学生答疑解惑。但是上录播课时，由于老师不在场，学生们问老师问题的过程变得特别复杂。目前，为了让学生们上录播课有问题能够问到老师，学院想出了一个办法：哪位学生有问题可以在自己的本子上记下来交给助教，下课后助教会收集所有的本子并把问题反馈给老师，老师回答之后再通过助教告诉学生们。这样的过程，第一是很曲折、复杂，第二对中文水平不高、表达能力不强的学生们来说，用文字来表述问题也是很难做到的事。因为他们想通过这个方式问老师问题的话，应该用比较清楚易懂的语言写自己的问题，助教和老师才能看懂，所以学生们上录播课时，虽然有疑问，但是由于问问题的过程太麻烦，他们就干脆放弃不问了。

以上这些情况都会影响学生们对教学内容的理解，降低学习效率。在本次调查当中我们发现，学院很多学生都听不懂上录播课时老师讲的内容，选择该项的学生占总人数的 49.09%。通过第二次访谈，我们进一步发现，学生们上录播课听不懂老师讲课内容的原因还跟他们上课时的心情有关。访谈对象 2 表示：“上录播课时，由于我的前几个问题都没有得到圆满的解释，我的心情就会变得急躁，会感觉很绝望，于是我就没有动力继续看老师录的视频。”

另外，学生们上录播课遇到的困难不仅仅只是课堂上的问题，还有电源的问题。虽然近年来贝宁国家政府在努力改善电源的问题，但是这个问题目前仍没有得到彻底的解决。停电也是学员们上录播课遇到的困难之一。在学院，学生们上录播课时一旦停电，就看不了上课的视频，不得不等到来电以后才能继续观看。之前学员们上线下课时，即便停电老师们也会继续讲课，课堂进度不会受到影响。但是现在上录播课就必须有电，一遇到停电就得停课，频繁的停电现象让录播课受到很多限制。

3.4 录播课对学生们中文水平的影响

录播课不仅扩大了学生和老师之间空间上的距离，还对学生们的中文水平产生了非常不利的影响。为了能够了解录播课对学生们中文水平产生的影响，我们在问卷当中设计了相关的问题，调查结果如图 3 所示。

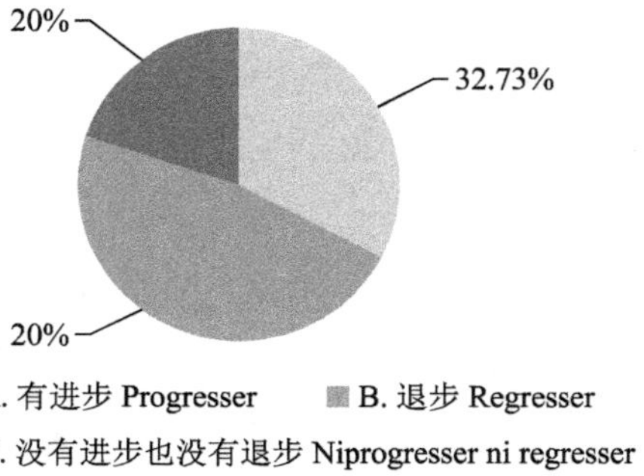

图 3 录播课对学生们中文水平的影响

通过图 3 我们可以看出，录播课让很多学生的中文水平退步。在 55 名调查对象当中，有 26 名学生的中文水平发生退步，占总人数的 47.27%；有 11 名学生的中文水平没有进步也没有退步，占总人数的 20%；最后，仅有 18 个学生的中文水平有进步，占总人数的 32.73%。

首先，很多学生的中文水平退步是因为上录播课时学生们缺乏老师的监督，导致学生在上课期间可能从事与学习无关的事情，如玩手机、玩游戏等，不认真听课。这与胡婷婷（2020）关于中国高校学生的网课调查结果出奇地一致。同时，由于老师无法监督学生，学生们上录播课很难完成练习题，尤其是课上口头练习题，有些学生干脆不做，因为学生做没做老师也没办法及时知道。

其次，学生们目前上录播课是助教陪他们上，所以学生们的中文水平能否有进步也取决于助教的能力。通过第二次访谈我们了解到，有的助教很少给学生们解释上课的内容，有很多学生问的问题助教也回答不了。访谈对象 1 表示："上录播课时，我们的助教也不帮我们解释老师讲的内容。"在这种情况下学生们的中文水平不能进步可想而知。

最后，很多学生上录播课没有进步是因为录播课降低了学生们对中文的兴趣。由于学生们上课缺乏互动，缺乏老师的鼓励，上课就变得很单调，学生们对中文的兴趣渐渐减少。而学习兴趣是学生进步的重要动因之一，学生只有对所学的语言感兴趣，他们才能积极主动通过各种途径提高自己的水平，日复一日努力超越自己，使自己的中文水平得到提高。

通过本次调查我们还发现，选择中文水平有进步的学生大部分是一年级的学生。在18个选择该项的学生当中，有15个人是一年级的学生。他们有进步的原因是因为他们刚开始学习中文。从零基础开始学习中文的他们，肯定不会有退步的现象。但是，这个调查的结果也让我们思考一个小小的问题：上录播课时一年级学生们的进步跟线下课时的一年级学生们在同一时段内的进步相比的话，是否会有不同？

3.5 节日活动的停止对学生们中文学习的影响

为了了解影响学生学习动力的因素，我们在调查问卷当中设计了相关的问题，调查结果如下。

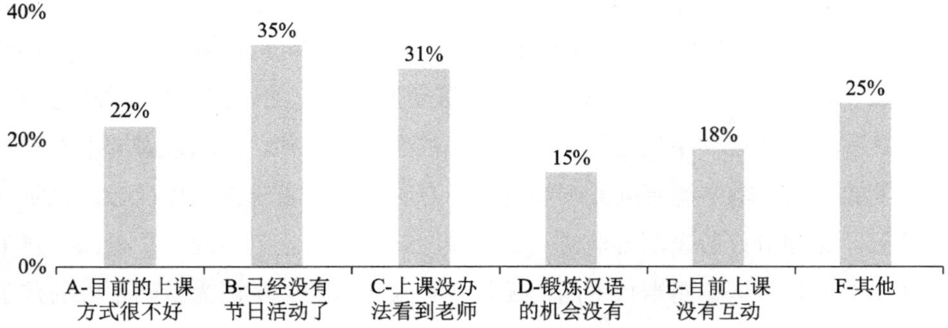

图4 影响学生学习动力的因素

由图4我们可以看出，在影响学生学习动力的因素当中，被选择比例最高的因素就是节日活动的停止，占35%。这说明节日活动的停止是影响学生学习动力的最大因素。

通过第二次访谈，我们了解到很多学生来到孔子学院学习中文的原因。有的访谈对象说，自己选择孔子学院是因为孔子学院在贝宁举办的中国文化活动非常多，而且每一个中国节日活动都非常隆重，经常会有国家电视台来录制并在贝宁的各个地区转播。在这些节日活动当中能够看到自己的同胞讲中文、主持节目、跳中国舞蹈，这些都吸引他们来孔子学院学习中文。

节日活动可以让学生们在短暂的时间内学习到很多知识，不只是语言方面的知识，如中文生词、中文发音、中文语法点等，还有中国文化方面的知识，比如中国舞蹈、中文歌曲、剪纸、书法等。举办节日活动的时候，学生们参加的文化表演很多，有唱中文歌、诗歌朗诵、小品、双簧表演、主持等。这些表演的反复排练促进了学生们中文水平的提高，让学生们有机会巩固并且在实际的情况下使用教室里学到的内容。比如：用中文主持节目对发音要求比较高。排练过程中，由于学生不断重复主持稿的内容达上百遍甚至几百遍，他们就很好地练习了中文发音、学到了主持稿子里的词语且自己可以灵活使用。再举个唱中文歌曲的例子，学生们在中文水平考试词表当中学不到的词语经常会出现在歌曲里，由于跟老师排练的时候唱了无数遍，学生不知不觉就学会了这些词语。学生们练习的过程中，虽然有难度，很紧张，得在短短的时间内完成任务，得在短短的时间内拼搏并超越自己，但是他们还是非常开心、非常兴奋。因为每次的排练就是超越自己的好机会，是每个学生展现自己最好的中文水平的时机，所以文化活动的排练也是促进学生们学习的一个重要因素。

贝宁孔子学院与贝宁中国文化中心的文化活动在贝宁是家喻户晓的大事情。这些文化活动让孔子学院的很多学生有机会展现自己的才艺，学会控制舞台。因为这些活动的观众不仅是孔子学院自己的学生和老师，贝宁政府与中国驻贝宁大使馆的很多领导也会来到现场观看，有时也会有贝宁国家电视台来录制这些节目。这些节目的表演会非常正式、非常隆重，也让更多的贝宁人民了解了中华传统文化、认识到当代中国的现状。有很多家长就是因为看到别人的孩子站在舞台上说流利的中国普通话、跳优美的中国舞蹈、唱优雅的中文歌曲，才选择让自己的孩子去学习中文。孔子学院的学生们也会经常邀请家人来观看自己的演出，孩子参与表演也成为很多家长的骄傲。家长们也因此给予孩子更多的信任和肯定，从而也更加支持孩子的中文学习。

孔子学院的文化活动不仅是表演，更是平台——是贝宁人民了解中华文化的平台，是中贝两国合作发展的平台。这些活动不仅仅在孔子学院，更会在整个阿波美卡拉维大学，甚至贝宁全国引起强烈反响，因为很多别的学院甚至别的学校的学生与老师也都会来观看。这些都给孔子学院的学生很大的动力，激励他们不断地提高自己的中文水平，让他们在学习中文的道路上坚持努力，不断前行。现在，疫情之下文化活动中止让很多学生觉得非常可惜，他们时刻盼望着自己热爱的中国文化活动能早日归来。

四　针对学院本科生疫情期间上课方式与节日活动的建议

4.1　针对学院本科生疫情期间上课方式的建议

根据以上各项调查结果可以看出，学员们上录播课遇到的最大困难就是缺乏师生之间的交流，这大大降低了学生们对学习内容的理解程度，导致很多学生的中文水平退步。因此，为了让学员们上课时能够有机会跟老师们直接交流，提高学生们的学习效率，我们建议学院把目前的录播课变成集体线上直播课，在每个教室开通 WIFI，在每个教室的电视里下载线上课的软件，这样学生们来上课以后可以通过同一个屏幕看到老师。这种上课方式不仅有利于学生们上课时能够跟老师随时交流、随时提问题、锻炼自己的语言表达能力，也有利于老师监督学生们学习，更有意义的是这种上课方式也可以让课堂上的活动变得更丰富，使学生更积极地参与到课堂学习中，带来更好更新的学习体验。通过集体线上直播课，老师可以让学生们参与抢答活动。抢答活动既可以为学生们的学习增添乐趣，又方便老师们了解学生们对知识的掌握程度。直播课中老师还可以通过作业互批的方式让学生们互相参照他人的作业，意识到自己作业中存在的不足，感受同一个问题多角度思考的快乐，这些对于知识的理解有着更积极的作用。总之，让学生们上直播课会更好地激发学生们上课的兴趣，也会让学生们对自己的中文学习之梦充满希望。

4.2　针对学院本科生疫情期间节日活动的建议

要全面提高学生的综合素质，要高质量地完成教育教学任务，单靠书本知识的传授、单靠课堂上的几十分钟很难达到预期的目的。我们必须课内课外两手抓，开展各种丰富多彩的活动。一场疫情的到来，不仅影响了学生们的学习，也夺走了学生们学习中文的一个重要途径。虽然疫情的到来由不得我们，但是我们有能力减少疫情对我们的负面影响。通过本次调查我们发现，节日活动的停止是影响学生们中文学习动力的最大因素，所以我们建议在疫情之下，学院可以考虑通过线上的方式组织一些文化活动。比如中国老师们可以在家通过线上的方式给学生们做一些中国文化方面的讲座；春节期间学院可以组织线上线下一起包饺子活动，老师们通过线上的方式教会学生们包饺子，学生们在课堂上可以动手练一练。节日活动的彩排也可以通过线上的方式进行。节日当天所有的表演也可以在线上进行，老师们在家通过线上的方式参加活动，学生们在自己的教室通过线下的方式参加活动。要表演的学生到表演的时候可以上台表演，通过直播，其他学生和老师们可以看到他们的表演并给他们鼓掌。这样做可以让学生们在疫情之下仍然能够参加文化活动，也能够更深入地了解中国。虽然这样的活动组织方式不像线下那样方便，但是至少会使学生们有机会发挥他们最好的中文水平，在中文学习的道路上一直充满动力和热情。

五 结语

本文专门针对疫情背景下贝宁阿波美卡拉维大学孔子学院本科生的中文学习情况进行了调查研究。其中包括疫情背景下贝宁孔子学院本科生上中文课的上课方式、学生们对这种上课方式的评价，同时也研究了疫情背景下的上课方式给学生们在学习上带来的困难、对学生们的中文水平产生的影响。疫情背景下节日活动的停止对学生们中文学习产生的影响也在本文的研究范围之内。

经过调查分析，我们得出以下几个结论。

首先，疫情背景下贝宁阿波美卡拉维大学孔子学院本科生的大部分中文课通过录播课的方式进行。这种上课方式没有受到很多学生的喜爱，很多学生不适应录播课，录播课也很难让学生们进入良好的学习状态。

其次，疫情之下的上课方式给学生们的中文学习带来很多困难。包括学生们上录播课时无法跟老师直接交流，对于学生们课上遇到的问题老师很难及时解释说明，导致学生们上录播课时听不懂或无法很好地理解掌握上课内容，这给学生们的中文学习带来了负面影响，让很多学生的中文水平退步。

再次，作为学生们学习中文的一个重要途径，疫情背景下节日活动的停止降低了学生们的学习动力。

总而言之，疫情的到来影响了贝宁阿波美卡拉维大学孔子学院本科生的中文学习，使得学生们上课缺乏互动，缺乏师生之间的直接交流，并且锻炼语言应用和了解中华文化的机会也变得更少。

为了解决学生们在疫情背景之下的学习困难，我们建议学院可以在每一个教室开通 WIFI，这可以让师生通过网络平台上直播课多互动、多交流。通过网络平台也可以举办很多线上文化活动，为学生创造更多锻炼语言能力的机会。

疫情背景下阿波美卡拉维大学孔子学院中文水平有进步的一年级学生，其疫情之前和疫情之下同一时段内的中文学习进步是否有所不同？这个问题我们将会另文研究。

参考文献

曾迅. 贝宁大学生汉语学习动机研究——以阿波美卡拉维大学孔子学院为例 [D]. 浙江科技学院汉语国际教育硕士论文，2020.

AKAYIFrank-ArnaudT［富兰克］. 贝宁汉语教学现状调查分析及对策研究 [D]. 四川师范大学汉语国际教育硕士论文，2018.

杨湆多 . 大学生网课学习现状调查研究 [J]. 现代交际，2020，（24）：150-152.

胡婷婷 . 疫情之下高校学生的网课调查分析和辅导员的思政教育 [J]. 数码世界，2020，（7）：130.

指导教师：李俊红

出 版 人：王君校
责任编辑：杨　晗
封面设计：袁长新
排　　版：北京颂煜文化传播有限公司
印刷监制：汪　洋

图书在版编目（CIP）数据

跨文化互动：留学生视角下的中国与世界 / 马思宇主编． -- 北京：华语教学出版社，2023.2
ISBN 978-7-5138-2384-5

Ⅰ.①跨… Ⅱ.①马… Ⅲ.①留学生教育 - 中国 - 文集 Ⅳ.① G648.9-53

中国国家版本馆 CIP 数据核字 (2023) 第 011169 号

跨文化互动：留学生视角下的中国与世界

马思宇　主　编
李　瑞　副主编

*

华语教学出版社有限责任公司出版
（中国北京百万庄大街 24 号　邮政编码 100037）
电话：(86)10-68320585, 68997826
传真：(86)10-68997826, 68326333
网址：www.sinolingua.com.cn
电子信箱：hyjx@sinolingua.com.cn
北京虎彩文化传播有限公司印刷
2023 年（16 开）第 1 版
2023 年第 1 版第 1 次印刷
ISBN 978-7-5138-2384-5
定价：49.00 元